BRITISH ENGLISH COLLECTION

ENGLISH ARABIC

THEME-BASED DICTIONARY

Contains over 5000 commonly used words

T&P BOOKS PUBLISHING

Theme-based dictionary British English-Arabic - 5000 words
British English collection

By Andrey Taranov

T&P Books vocabularies are intended for helping you learn, memorize and review foreign words. The dictionary is divided into themes, covering all major spheres of everyday activities, business, science, culture, etc.

The process of learning words using T&P Books' theme-based dictionaries gives you the following advantages:

- Correctly grouped source information predetermines success at subsequent stages of word memorization
- Availability of words derived from the same root allowing memorization of word units (rather than separate words)
- Small units of words facilitate the process of establishing associative links needed for consolidation of vocabulary
- Level of language knowledge can be estimated by the number of learned words

Copyright © 2017 T&P Books Publishing

All rights reserved No part of this book may be reproduced or utilized in any form or by any means, electronic or mechanical, including photocopying, recording or by information storage and retrieval system, without permission in writing from the publishers.

T&P Books Publishing
www.tpbooks.com

ISBN: 978-1-78716-715-5

This book is also available in E-book formats.
Please visit www.tpbooks.com or the major online bookstores.

ARABIC THEME-BASED DICTIONARY
British English collection

T&P Books vocabularies are intended to help you learn, memorize, and review foreign words. The vocabulary contains over 5000 commonly used words arranged thematically.

- Vocabulary contains the most commonly used words
- Recommended as an addition to any language course
- Meets the needs of beginners and advanced learners of foreign languages
- Convenient for daily use, revision sessions, and self-testing activities
- Allows you to assess your vocabulary

Special features of the vocabulary

- Words are organized according to their meaning, not alphabetically
- Words are presented in three columns to facilitate the reviewing and self-testing processes
- Words in groups are divided into small blocks to facilitate the learning process
- The vocabulary offers a convenient and simple transcription of each foreign word

The vocabulary has 155 topics including:

Basic Concepts, Numbers, Colors, Months, Seasons, Units of Measurement, Clothing & Accessories, Food & Nutrition, Restaurant, Family Members, Relatives, Character, Feelings, Emotions, Diseases, City, Town, Sightseeing, Shopping, Money, House, Home, Office, Working in the Office, Import & Export, Marketing, Job Search, Sports, Education, Computer, Internet, Tools, Nature, Countries, Nationalities and more ...

TABLE OF CONTENTS

Pronunciation guide	9
Abbreviations	10
BASIC CONCEPTS	11
Basic concepts. Part 1	11
1. Pronouns	11
2. Greetings. Salutations. Farewells	11
3. How to address	12
4. Cardinal numbers. Part 1	12
5. Cardinal numbers. Part 2	13
6. Ordinal numbers	14
7. Numbers. Fractions	14
8. Numbers. Basic operations	14
9. Numbers. Miscellaneous	14
10. The most important verbs. Part 1	15
11. The most important verbs. Part 2	16
12. The most important verbs. Part 3	17
13. The most important verbs. Part 4	17
14. Colours	18
15. Questions	19
16. Prepositions	20
17. Function words. Adverbs. Part 1	20
18. Function words. Adverbs. Part 2	22
Basic concepts. Part 2	23
19. Weekdays	23
20. Hours. Day and night	23
21. Months. Seasons	24
22. Units of measurement	26
23. Containers	26
HUMAN BEING	28
Human being. The body	28
24. Head	28
25. Human body	29
Clothing & Accessories	30
26. Outerwear. Coats	30
27. Men's & women's clothing	30

28.	Clothing. Underwear	31
29.	Headwear	31
30.	Footwear	31
31.	Personal accessories	32
32.	Clothing. Miscellaneous	32
33.	Personal care. Cosmetics	33
34.	Watches. Clocks	34

Food. Nutricion   35

35.	Food	35
36.	Drinks	36
37.	Vegetables	37
38.	Fruits. Nuts	38
39.	Bread. Sweets	39
40.	Cooked dishes	39
41.	Spices	40
42.	Meals	41
43.	Table setting	42
44.	Restaurant	42

Family, relatives and friends   43

45.	Personal information. Forms	43
46.	Family members. Relatives	43

Medicine   45

47.	Diseases	45
48.	Symptoms. Treatments. Part 1	46
49.	Symptoms. Treatments. Part 2	47
50.	Symptoms. Treatments. Part 3	48
51.	Doctors	49
52.	Medicine. Drugs. Accessories	49

HUMAN HABITAT   51
City   51

53.	City. Life in the city	51
54.	Urban institutions	52
55.	Signs	53
56.	Urban transport	54
57.	Sightseeing	55
58.	Shopping	56
59.	Money	57
60.	Post. Postal service	58

Dwelling. House. Home   59

61.	House. Electricity	59

62.	Villa. Mansion	59
63.	Flat	59
64.	Furniture. Interior	60
65.	Bedding	61
66.	Kitchen	61
67.	Bathroom	62
68.	Household appliances	63

Job. Business. Part 1 — 64

69.	Office. Working in the office	64
70.	Business processes. Part 1	65
71.	Business processes. Part 2	66
72.	Production. Works	67
73.	Contract. Agreement	68
74.	Import & Export	69
75.	Finances	69
76.	Marketing	70
77.	Advertising	70
78.	Banking	71
79.	Telephone. Phone conversation	72
80.	Mobile telephone	73
81.	Stationery	73
82.	Kinds of business	73

HUMAN ACTIVITIES — 76
Job. Business. Part 2 — 76

83.	Show. Exhibition	76
84.	Science. Research. Scientists	77

Professions and occupations — 79

85.	Job search. Dismissal	79
86.	Business people	79
87.	Service professions	80
88.	Military professions and ranks	81
89.	Officials. Priests	82
90.	Agricultural professions	82
91.	Art professions	83
92.	Various professions	83
93.	Occupations. Social status	85

Education — 86

94.	School	86
95.	College. University	87
96.	Sciences. Disciplines	88
97.	Writing system. Orthography	88
98.	Foreign languages	89

Rest. Entertainment. Travel 91

99. Trip. Travel 91
100. Hotel 91

Technical equipment 93

101. Computer 93
102. Internet. E-mail 94
103. Electricity 95
104. Tools 95

TECHNICAL EQUIPMENT. TRANSPORT 98
Transport 98

105. Aeroplane 98
106. Train 99
107. Ship 100
108. Airport 101

Life events 103

109. Holidays. Event 103
110. Funerals. Burial 104
111. War. Soldiers 104
112. War. Military actions. Part 1 105
113. War. Military actions. Part 2 107
114. Weapons 108
115. Ancient people 110
116. Middle Ages 110
117. Leader. Chief. Authorities 112
118. Breaking the law. Criminals. Part 1 113
119. Breaking the law. Criminals. Part 2 114
120. Police. Law. Part 1 115
121. Police. Law. Part 2 116

NATURE 118
The Earth. Part 1 118

122. Outer space 118
123. The Earth 119
124. Cardinal directions 120
125. Sea. Ocean 120
126. Seas & Oceans names 121
127. Mountains 122
128. Mountains names 123
129. Rivers 123
130. Rivers names 124
131. Forest 124
132. Natural resources 125

The Earth. Part 2   127

133. Weather   127
134. Severe weather. Natural disasters   128

Fauna   129

135. Mammals. Predators   129
136. Wild animals   129
137. Domestic animals   130
138. Birds   131
139. Fish. Marine animals   133
140. Amphibians. Reptiles   133
141. Insects   134

Flora   135

142. Trees   135
143. Shrubs   135
144. Fruits. Berries   136
145. Flowers. Plants   137
146. Cereals, grains   138

COUNTRIES. NATIONALITIES   139

147. Western Europe   139
148. Central and Eastern Europe   139
149. Former USSR countries   140
150. Asia   140
151. North America   141
152. Central and South America   141
153. Africa   142
154. Australia. Oceania   142
155. Cities   142

PRONUNCIATION GUIDE

T&P phonetic alphabet	Arabic example	English example
[a]	[ṭaffa] طفّى	shorter than in ask
[ā]	[ixtār] إختار	calf, palm
[e]	[hamburger] هامبورجر	elm, medal
[i]	[zifāf] زفاف	shorter than in feet
[ī]	[abrīl] أبريل	feet, meter
[u]	[kalkutta] كلكتا	book
[ū]	[ʒāmūs] جاموس	fuel, tuna
[b]	[bidāya] بداية	baby, book
[d]	[saʿāda] سعادة	day, doctor
[ḍ]	[waḍʿ] وضع	[d] pharyngeal
[ʒ]	[arʒantīn] الأرجنتين	forge, pleasure
[ð]	[tiðkār] تذكار	pharyngealized th
[z]	[zahar] ظهر	[z] pharyngeal
[f]	[xafīf] خفيف	face, food
[g]	[gūlf] جولف	game, gold
[h]	[ittiʒāh] إتّجاه	home, have
[ḥ]	[aḥabb] أحبّ	[h] pharyngeal
[y]	[ðahabiy] ذهبيّ	yes, New York
[k]	[kursiy] كرسيّ	clock, kiss
[l]	[lamaḥ] لمح	lace, people
[m]	[marṣad] مرصد	magic, milk
[n]	[ʒanūb] جنوب	sang, thing
[p]	[kaputʃīnu] كابتشينو	pencil, private
[q]	[waθiq] وثق	king, club
[r]	[rūḥ] روح	rice, radio
[s]	[suxriyya] سخريّة	city, boss
[ṣ]	[miʿṣam] معصم	[s] pharyngeal
[ʃ]	[ʿaʃāʾ] عشاء	machine, shark
[t]	[tannūb] تنّوب	tourist, trip
[ṭ]	[xarīṭa] خريطة	[t] pharyngeal
[θ]	[mamūθ] ماموث	month, tooth
[v]	[vitnām] فيتنام	very, river
[w]	[waddaʿ] ودّع	vase, winter
[x]	[baxīl] بخيل	as in Scots 'loch'
[ɣ]	[taɣadda] تغدّى	between [g] and [h]
[z]	[māʿiz] ماعز	zebra, please
[ʿ] (ayn)	[sabʿa] سبعة	voiced pharyngeal fricative
[ʾ] (hamza)	[saʾal] سأل	glottal stop

ABBREVIATIONS
used in the dictionary

Arabic abbreviations

du	-	plural noun (double)
f	-	feminine noun
m	-	masculine noun
pl	-	plural

English abbreviations

ab.	-	about
adj	-	adjective
adv	-	adverb
anim.	-	animate
as adj	-	attributive noun used as adjective
e.g.	-	for example
etc.	-	et cetera
fam.	-	familiar
fem.	-	feminine
form.	-	formal
inanim.	-	inanimate
masc.	-	masculine
math	-	mathematics
mil.	-	military
n	-	noun
pl	-	plural
pron.	-	pronoun
sb	-	somebody
sing.	-	singular
sth	-	something
v aux	-	auxiliary verb
vi	-	intransitive verb
vi, vt	-	intransitive, transitive verb
vt	-	transitive verb

BASIC CONCEPTS

Basic concepts. Part 1

1. Pronouns

I, me	ana	أنا
you (masc.)	anta	أنت
you (fem.)	anti	أنت
he	huwa	هو
she	hiya	هي
we	naḥnu	نحن
you (to a group)	antum	أنتم
they	hum	هم

2. Greetings. Salutations. Farewells

Hello! (form.)	as salāmu 'alaykum!	السلام عليكم!
Good morning!	ṣabāḥ al ҳayr!	صباح الخير!
Good afternoon!	nahārak sa'īd!	نهارك سعيد!
Good evening!	masā' al ҳayr!	مساء الخير!
to say hello	sallam	سلّم
Hi! (hello)	salām!	سلام!
greeting (n)	salām (m)	سلام
to greet (vt)	sallam 'ala	سلّم على
How are you?	kayfa ḥāluka?	كيف حالك؟
What's new?	ma aҳbārak?	ما أخبارك؟
Bye-Bye! Goodbye!	ma' as salāma!	مع السلامة!
See you soon!	ilal liqā'!	إلى اللقاء!
Farewell!	ma' as salāma!	مع السلامة!
to say goodbye	wadda'	ودّع
Cheers!	bay bay!	باي باي!
Thank you! Cheers!	ʃukran!	شكراً!
Thank you very much!	ʃukran ʒazīlan!	شكراً جزيلاً!
My pleasure!	'afwan	عفواً
Don't mention it!	la ʃukr 'ala wāʒib	لا شكر على واجب
It was nothing	al 'afw	العفو
Excuse me! (fam.)	'an iðnak!	عن أذنك!
Excuse me! (form.)	'afwan!	عفواً!
to excuse (forgive)	'aðar	عذر
to apologize (vi)	i'taðar	إعتذر
My apologies	ana 'āsif	أنا آسف

I'm sorry!	la tu'āxiðni!	لا تؤاخذني!
to forgive (vt)	'afa	عفا
please (adv)	min faḍlak	من فضلك
Don't forget!	la tansa!	لا تنس!
Certainly!	ṭab'an!	طبعًا!
Of course not!	abadan!	أبدًا!
Okay! (I agree)	ittafaqna!	إتفقنا!
That's enough!	kifāya!	كفاية!

3. How to address

mister, sir	ya sayyid	يا سيّد
madam	ya sayyida	يا سيدة
miss	ya 'ānisa	يا آنسة
young man	ya ustāð	يا أستاذ
young man (little boy)	ya bni	يا بني
miss (little girl)	ya binti	يا بنتي

4. Cardinal numbers. Part 1

0 zero	ṣifr	صفر
1 one	wāḥid	واحد
1 one (fem.)	wāḥida	واحدة
2 two	iθnān	إثنان
3 three	θalāθa	ثلاثة
4 four	arba'a	أربعة
5 five	xamsa	خمسة
6 six	sitta	ستّة
7 seven	sab'a	سبعة
8 eight	θamāniya	ثمانية
9 nine	tis'a	تسعة
10 ten	'aʃara	عشرة
11 eleven	aḥad 'aʃar	أحد عشر
12 twelve	iθnā 'aʃar	إثنا عشر
13 thirteen	θalāθat 'aʃar	ثلاثة عشر
14 fourteen	arba'at 'aʃar	أربعة عشر
15 fifteen	xamsat 'aʃar	خمسة عشر
16 sixteen	sittat 'aʃar	ستّة عشر
17 seventeen	sab'at 'aʃar	سبعة عشر
18 eighteen	θamāniyat 'aʃar	ثمانية عشر
19 nineteen	tis'at 'aʃar	تسعة عشر
20 twenty	'iʃrūn	عشرون
21 twenty-one	wāḥid wa 'iʃrūn	واحد وعشرون
22 twenty-two	iθnān wa 'iʃrūn	إثنان وعشرون
23 twenty-three	θalāθa wa 'iʃrūn	ثلاثة وعشرون
30 thirty	θalāθīn	ثلاثون
31 thirty-one	wāḥid wa θalāθūn	واحد وثلاثون

32 thirty-two	iθnān wa θalāθūn	إثنان وثلاثون
33 thirty-three	θalāθa wa θalāθūn	ثلاثة وثلاثون
40 forty	arbaʿūn	أربعون
41 forty-one	wāḥid wa arbaʿūn	واحد وأربعون
42 forty-two	iθnān wa arbaʿūn	إثنان وأربعون
43 forty-three	θalāθa wa arbaʿūn	ثلاثة وأربعون
50 fifty	χamsūn	خمسون
51 fifty-one	wāḥid wa χamsūn	واحد وخمسون
52 fifty-two	iθnān wa χamsūn	إثنان وخمسون
53 fifty-three	θalāθa wa χamsūn	ثلاثة وخمسون
60 sixty	sittūn	ستّون
61 sixty-one	wāḥid wa sittūn	واحد وستّون
62 sixty-two	iθnān wa sittūn	إثنان وستّون
63 sixty-three	θalāθa wa sittūn	ثلاثة وستّون
70 seventy	sabʿūn	سبعون
71 seventy-one	wāḥid wa sabʿūn	واحد وسبعون
72 seventy-two	iθnān wa sabʿūn	إثنان وسبعون
73 seventy-three	θalāθa wa sabʿūn	ثلاثة وسبعون
80 eighty	θamānūn	ثمانون
81 eighty-one	wāḥid wa θamānūn	واحد وثمانون
82 eighty-two	iθnān wa θamānūn	إثنان وثمانون
83 eighty-three	θalāθa wa θamānūn	ثلاثة وثمانون
90 ninety	tisʿūn	تسعون
91 ninety-one	wāḥid wa tisʿūn	واحد وتسعون
92 ninety-two	iθnān wa tisʿūn	إثنان وتسعون
93 ninety-three	θalāθa wa tisʿūn	ثلاثة وتسعون

5. Cardinal numbers. Part 2

100 one hundred	miʾa	مائة
200 two hundred	miʾatān	مائتان
300 three hundred	θalāθumiʾa	ثلاثمائة
400 four hundred	rubʿumiʾa	أربعمائة
500 five hundred	χamsumiʾa	خمسمائة
600 six hundred	sittumiʾa	ستّمائة
700 seven hundred	sabʿumiʾa	سبعمائة
800 eight hundred	θamānimiʾa	ثمانمائة
900 nine hundred	tisʿumiʾa	تسعمائة
1000 one thousand	alf	ألف
2000 two thousand	alfān	ألفان
3000 three thousand	θalāθat ʾālāf	ثلاثة آلاف
10000 ten thousand	ʿaʃarat ʾālāf	عشرة آلاف
one hundred thousand	miʾat alf	مائة ألف
million	milyūn (m)	مليون
billion	milyār (m)	مليار

6. Ordinal numbers

first (adj)	awwal	أوَّل
second (adj)	θāni	ثان
third (adj)	θāliθ	ثالث
fourth (adj)	rābi'	رابع
fifth (adj)	χāmis	خامس
sixth (adj)	sādis	سادس
seventh (adj)	sābi'	سابع
eighth (adj)	θāmin	ثامن
ninth (adj)	tāsi'	تاسع
tenth (adj)	'āʃir	عاشر

7. Numbers. Fractions

fraction	kasr (m)	كسر
one half	nisf	نصف
one third	θulθ	ثلث
one quarter	rub'	ربع
one eighth	θumn	ثمن
one tenth	'uʃr	عشر
two thirds	θulθān	ثلثان
three quarters	talātit arbā'	ثلاثة أرباع

8. Numbers. Basic operations

subtraction	ṭarḥ (m)	طرح
to subtract (vi, vt)	ṭaraḥ	طرح
division	qisma (f)	قسمة
to divide (vt)	qasam	قسم
addition	ʒam' (m)	جمع
to add up (vt)	ʒama'	جمع
to add (vi)	ʒama'	جمع
multiplication	ḍarb (m)	ضرب
to multiply (vt)	ḍarab	ضرب

9. Numbers. Miscellaneous

digit, figure	raqm (m)	رقم
number	'adad (m)	عدد
numeral	ism al 'adad (m)	إسم العدد
minus sign	nāqiṣ (m)	ناقص
plus sign	zā'id (m)	زائد
formula	sīɣa (f)	صيغة
calculation	ḥisāb (m)	حساب
to count (vi, vt)	'add	عدّ

to count up	ḥasab	حسب
to compare (vt)	qāran	قارن
How much?	kam?	كم؟
sum, total	maʒmū' (m)	مجموع
result	natīʒa (f)	نتيجة
remainder	al bāqi (m)	الباقي
a few (e.g., ~ years ago)	'iddat	عدّة
little (I had ~ time)	qalīl	قليل
the rest	al bāqi (m)	الباقي
one and a half	wāḥid wa niṣf (m)	واحد ونصف
dozen	iθnā 'aʃar (f)	إثنا عشر
in half (adv)	ila ʃaṭrayn	إلى شطرين
equally (evenly)	bit tasāwi	بالتساوي
half	niṣf (m)	نصف
time (three ~s)	marra (f)	مرّة

10. The most important verbs. Part 1

to advise (vt)	naṣaḥ	نصح
to agree (say yes)	ittafaq	إتفق
to answer (vi, vt)	aʒāb	أجاب
to apologize (vi)	i'taðar	إعتذر
to arrive (vi)	waṣal	وصل
to ask (~ oneself)	sa'al	سأل
to ask (~ sb to do sth)	ṭalab	طلب
to be (vi)	kān	كان
to be afraid	χāf	خاف
to be hungry	arād an ya'kul	أراد أن يأكل
to be interested in …	ihtamm	إهتمّ
to be needed	kān maṭlūb	كان مطلوبا
to be surprised	indahaʃ	إندهش
to be thirsty	arād an yaʃrab	أراد أن يشرب
to begin (vt)	bada'	بدأ
to belong to …	χaṣṣ	خصّ
to boast (vi)	tabāha	تباهى
to break (split into pieces)	kasar	كسر
to call (~ for help)	istaɣāθ	إستغاث
can (v aux)	istaṭā'	إستطاع
to catch (vt)	amsak	أمسك
to change (vt)	ɣayyar	غيّر
to choose (select)	iχtār	إختار
to come down (the stairs)	nazil	نزل
to compare (vt)	qāran	قارن
to complain (vi, vt)	ʃaka	شكا
to confuse (mix up)	iχtalaṭ	إختلط
to continue (vt)	istamarr	إستمرّ

to control (vt)	taḥakkam	تحكّم
to cook (dinner)	ḥaḍḍar	حضر
to cost (vt)	kallaf	كلّف
to count (add up)	ʻadd	عدّ
to count on ...	iʻtamad ʻala ...	إعتمد على...
to create (vt)	χalaq	خلق
to cry (weep)	baka	بكى

11. The most important verbs. Part 2

to deceive (vi, vt)	χadaʻ	خدع
to decorate (tree, street)	zayyan	زيّن
to defend (a country, etc.)	dāfaʻ	دافع
to demand (request firmly)	ṭālib	طالب
to dig (vt)	ḥafar	حفر
to discuss (vt)	nāqaʃ	ناقش
to do (vt)	ʻamal	عمل
to doubt (have doubts)	ʃakk fi	شكّ في
to drop (let fall)	awqaʻ	أوقع
to enter (room, house, etc.)	daχal	دخل
to exist (vi)	kān mawʒūd	كان موجودًا
to expect (foresee)	tanabba'	تنبّأ
to explain (vt)	ʃaraḥ	شرح
to fall (vi)	saqaṭ	سقط
to fancy (vt)	aʻʒab	أعجب
to find (vt)	waʒad	وجد
to finish (vt)	atamm	أتمّ
to fly (vi)	ṭār	طار
to follow ... (come after)	tabaʻ	تبع
to forget (vi, vt)	nasiy	نسي
to forgive (vt)	ʻafa	عفا
to give (vt)	aʻṭa	أعطى
to give a hint	aʻṭa talmīḥ	أعطى تلميحًا
to go (on foot)	maʃa	مشى
to go for a swim	sabaḥ	سبح
to go out (for dinner, etc.)	χaraʒ	خرج
to guess (the answer)	χamman	خمّن
to have (vt)	malak	ملك
to have breakfast	afṭar	أفطر
to have dinner	taʻaʃʃa	تعشّى
to have lunch	taɣadda	تغدّى
to hear (vt)	samiʻ	سمع
to help (vt)	sāʻad	ساعد
to hide (vt)	χaba'	خبأ
to hope (vi, vt)	tamanna	تمنّى
to hunt (vi, vt)	iṣṭād	إصطاد
to hurry (vi)	istaʻʒal	إستعجل

12. The most important verbs. Part 3

to inform (vt)	axbar	أخبر
to insist (vi, vt)	aṣarr	أصرّ
to insult (vt)	ahān	أهان
to invite (vt)	da'a	دعا
to joke (vi)	mazaḥ	مزح
to keep (vt)	ḥafaẓ	حفظ
to keep silent	sakat	سكت
to kill (vt)	qatal	قتل
to know (sb)	'araf	عرف
to know (sth)	'araf	عرف
to laugh (vi)	ḍaḥik	ضحك
to liberate (city, etc.)	ḥarrar	حرّر
to look for ... (search)	baḥaθ	بحث
to love (sb)	aḥabb	أحبّ
to make a mistake	axṭa'	أخطأ
to manage, to run	adār	أدار
to mean (signify)	'ana	عنى
to mention (talk about)	ðakar	ذكر
to miss (school, etc.)	ɣāb	غاب
to notice (see)	lāḥaẓ	لاحظ
to object (vi, vt)	i'taraḍ	إعترض
to observe (see)	rāqab	راقب
to open (vt)	fataḥ	فتح
to order (meal, etc.)	ṭalab	طلب
to order (mil.)	amar	أمر
to own (possess)	malak	ملك
to participate (vi)	iʃtarak	إشترك
to pay (vi, vt)	dafa'	دفع
to permit (vt)	raxxaṣ	رخّص
to plan (vt)	xaṭṭaṭ	خطّط
to play (children)	la'ib	لعب
to pray (vi, vt)	ṣalla	صلّى
to prefer (vt)	faḍḍal	فضّل
to promise (vt)	wa'ad	وعد
to pronounce (vt)	naṭaq	نطق
to propose (vt)	iqtaraḥ	إقترح
to punish (vt)	'āqab	عاقب

13. The most important verbs. Part 4

to read (vi, vt)	qara'	قرأ
to recommend (vt)	naṣaḥ	نصح
to refuse (vi, vt)	rafaḍ	رفض
to regret (be sorry)	nadim	ندم
to rent (sth from sb)	ista'ʒar	إستأجر

to repeat (say again)	karrar	كرّر
to reserve, to book	ḥaʒaz	حجز
to run (vi)	ʒara	جرى
to save (rescue)	anqað	أنقذ
to say (~ thank you)	qāl	قال
to scold (vt)	wabbax	وبّخ
to see (vt)	ra'a	رأى
to sell (vt)	bāʿ	باع
to send (vt)	arsal	أرسل
to shoot (vi)	aṭlaq an nār	أطلق النار
to shout (vi)	ṣarax	صرخ
to show (vt)	ʿaraḍ	عرض
to sign (document)	waqqaʿ	وقّع
to sit down (vi)	ʒalas	جلس
to smile (vi)	ibtasam	إبتسم
to speak (vi, vt)	takallam	تكلّم
to steal (money, etc.)	saraq	سرق
to stop (for pause, etc.)	waqaf	وقف
to stop (please ~ calling me)	tawaqqaf	توقّف
to study (vt)	daras	درس
to swim (vi)	sabaḥ	سبح
to take (vt)	axað	أخذ
to think (vi, vt)	ẓann	ظنّ
to threaten (vt)	haddad	هدّد
to touch (with hands)	lamas	لمس
to translate (vt)	tarʒam	ترجم
to trust (vt)	waθiq	وثق
to try (attempt)	ḥāwal	حاول
to turn (e.g., ~ left)	inʿaṭaf	إنعطف
to underestimate (vt)	istaxaff	إستخفّ
to understand (vt)	fahim	فهم
to unite (vt)	waḥḥad	وحّد
to wait (vt)	inṭazar	إنتظر
to want (wish, desire)	arād	أراد
to warn (vt)	ḥaððar	حذّر
to work (vi)	ʿamal	عمل
to write (vt)	katab	كتب
to write down	katab	كتب

14. Colours

colour	lawn (m)	لون
shade (tint)	daraʒat al lawn (m)	درجة اللون
hue	ṣabɣit lūn (f)	لون
rainbow	qaws quzaḥ (m)	قوس قزح
white (adj)	abyaḍ	أبيض
black (adj)	aswad	أسود

grey (adj)	ramādiy	رماديّ
green (adj)	axḍar	أخضر
yellow (adj)	aṣfar	أصفر
red (adj)	aḥmar	أحمر
blue (adj)	azraq	أزرق
light blue (adj)	azraq fātiḥ	أزرق فاتح
pink (adj)	wardiy	وردي
orange (adj)	burtuqāliy	برتقاليّ
violet (adj)	banafsaʒiy	بنفسجي
brown (adj)	bunniy	بنّي
golden (adj)	ðahabiy	ذهبيّ
silvery (adj)	fiḍḍiy	فضّي
beige (adj)	bɛ:ʒ	بيج
cream (adj)	ʻāʒiy	عاجي
turquoise (adj)	fayrūziy	فيروزيّ
cherry red (adj)	karaziy	كرزيّ
lilac (adj)	laylakiy	ليلكيّ
crimson (adj)	qirmiziy	قرمزيّ
light (adj)	fātiḥ	فاتح
dark (adj)	ɣāmiq	غامق
bright, vivid (adj)	zāhi	زاه
coloured (pencils)	mulawwan	ملوّن
colour (e.g. ~ film)	mulawwan	ملوّن
black-and-white (adj)	abyaḍ wa aswad	أبيض وأسود
plain (one-coloured)	waḥīd al lawn, sāda	وحيد اللون، سادة
multicoloured (adj)	mutaʻaddid al alwān	متعدّد الألوان

15. Questions

Who?	man?	من؟
What?	māða?	ماذا؟
Where? (at, in)	ayna?	أين؟
Where (to)?	ila ayna?	إلى أين؟
From where?	min ayna?	من أين؟
When?	mata?	متى؟
Why? (What for?)	li māða?	لماذا؟
Why? (~ are you crying?)	li māða?	لماذا؟
What for?	li māða?	لماذا؟
How? (in what way)	kayfa?	كيف؟
What? (What kind of ... ?)	ay?	أيّ؟
Which?	ay?	أيّ؟
To whom?	li man?	لمن؟
About whom?	ʻamman?	عمّن؟
About what?	ʻamma?	عمّا؟
With whom?	maʻ man?	مع من؟
How many? How much?	kam?	كم؟
Whose?	li man?	لمن؟

16. Prepositions

with (accompanied by)	ma'	مع
without	bi dūn	بدون
to (indicating direction)	ila	إلى
about (talking ~ ...)	'an	عن
before (in time)	qabl	قبل
in front of ...	amām	أمام
under (beneath, below)	taḥt	تحت
above (over)	fawq	فوق
on (atop)	'ala	على
from (off, out of)	min	من
of (made from)	min	من
in (e.g. ~ ten minutes)	ba'd	بعد
over (across the top of)	'abr	عبر

17. Function words. Adverbs. Part 1

Where? (at, in)	ayna?	أين؟
here (adv)	huna	هنا
there (adv)	hunāk	هناك
somewhere (to be)	fi makānin ma	في مكان ما
nowhere (not anywhere)	la fi ay makān	لا في أي مكان
by (near, beside)	bi ʒānib	بجانب
by the window	bi ʒānib aʃ ʃubbāk	بجانب الشبّاك
Where (to)?	ila ayna?	إلى أين؟
here (e.g. come ~!)	huna	هنا
there (e.g. to go ~)	hunāk	هناك
from here (adv)	min huna	من هنا
from there (adv)	min hunāk	من هناك
close (adv)	qarīban	قريبًا
far (adv)	ba'īdan	بعيدًا
near (e.g. ~ Paris)	'ind	عند
nearby (adv)	qarīban	قريبًا
not far (adv)	ɣayr ba'īd	غير بعيد
left (adj)	al yasār	اليسار
on the left	'alaʃ ʃimāl	على الشمال
to the left	ilaʃ ʃimāl	إلى الشمال
right (adj)	al yamīn	اليمين
on the right	'alal yamīn	على اليمين
to the right	llal yamīn	إلى اليمين
in front (adv)	min al amām	من الأمام
front (as adj)	amāmiy	أمامي

ahead (the kids ran ~)	ilal amām	إلى الأمام
behind (adv)	warā'	وراء
from behind	min al warā'	من الوراء
back (towards the rear)	ilal warā'	إلى الوراء
middle	wasaṭ (m)	وسط
in the middle	fil wasat	في الوسط
at the side	bi ʒānib	بجانب
everywhere (adv)	fi kull makān	في كل مكان
around (in all directions)	ḥawl	حول
from inside	min ad dāxil	من الداخل
somewhere (to go)	ila ayy makān	إلى أيّ مكان
straight (directly)	bi aqṣar ṭarīq	بأقصر طريق
back (e.g. come ~)	īyāban	إياباً
from anywhere	min ayy makān	من أي مكان
from somewhere	min makānin ma	من مكان ما
firstly (adv)	awwalan	أوّلاً
secondly (adv)	θāniyan	ثانياً
thirdly (adv)	θāliθan	ثالثاً
suddenly (adv)	faʒ'a	فجأة
at first (in the beginning)	fil bidāya	في البداية
for the first time	li 'awwal marra	لأوّل مرّة
long before ...	qabl ... bi mudda ṭawīla	قبل...بمدّة طويلة
anew (over again)	min ʒadīd	من جديد
for good (adv)	ilal abad	إلى الأبد
never (adv)	abadan	أبداً
again (adv)	min ʒadīd	من جديد
now (adv)	al 'ān	الآن
often (adv)	kaθīran	كثيراً
then (adv)	fi ðalika al waqt	في ذلك الوقت
urgently (quickly)	'āʒilan	عاجلاً
usually (adv)	kal 'āda	كالعادة
by the way, ...	'ala fikra ...	على فكرة...
possible (that is ~)	min al mumkin	من الممكن
probably (adv)	la'alla	لعلّ
maybe (adv)	min al mumkin	من الممكن
besides ...	bil iḍāfa ila ðalik ...	بالإضافة إلى...
that's why ...	li ðalik	لذلك
in spite of ...	bir raɣm min ...	بالرغم من...
thanks to ...	bi faḍl ...	بفضل...
what (pron.)	allaði	الذي
that (conj.)	anna	أنّ
something	ʃay' (m)	شيء
anything (something)	ʃay' (m)	شيء
nothing	la ʃay'	لا شيء
who (pron.)	allaði	الذي
someone	aḥad	أحد

somebody	aḥad	أحد
nobody	la aḥad	لا أحد
nowhere (a voyage to ~)	la ila ay makān	لا إلى أي مكان
nobody's	la yaxuṣṣ aḥad	لا يخص أحدًا
somebody's	li aḥad	لأحد
so (I'm ~ glad)	hakaða	هكذا
also (as well)	kaðalika	كذلك
too (as well)	ayḍan	أيضًا

18. Function words. Adverbs. Part 2

Why?	li māða?	لماذا؟
for some reason	li sababin ma	لسبب ما
because ...	li'anna ...	لأن...
for some purpose	li amr mā	لأمر ما
and	wa	و
or	aw	أو
but	lakin	لكن
for (e.g. ~ me)	li	لـ
too (excessively)	kaθīran ʒiddan	كثير جدًا
only (exclusively)	faqaṭ	فقط
exactly (adv)	biḍ ḍabṭ	بالضبط
about (more or less)	naḥw	نحو
approximately (adv)	taqrīban	تقريبًا
approximate (adj)	taqrībiy	تقريبي
almost (adv)	taqrīban	تقريبًا
the rest	al bāqi (m)	الباقي
each (adj)	kull	كلّ
any (no matter which)	ayy	أيّ
many, much (a lot of)	kaθīr	كثير
many people	kaθīr min an nās	كثير من الناس
all (everyone)	kull an nās	كل الناس
in return for ...	muqābil ...	مقابل...
in exchange (adv)	muqābil	مقابل
by hand (made)	bil yad	باليد
hardly (negative opinion)	hayhāt	هيهات
probably (adv)	la'alla	لعلّ
on purpose (intentionally)	qaṣdan	قصدا
by accident (adv)	ṣudfa	صدفة
very (adv)	ʒiddan	جدًا
for example (adv)	maθalan	مثلا
between	bayn	بين
among	bayn	بين
so much (such a lot)	haðihi al kammiyya	هذه الكمية
especially (adv)	xāṣṣa	خاصّة

Basic concepts. Part 2

19. Weekdays

Monday	yawm al iθnayn (m)	يوم الإثنين
Tuesday	yawm aθ θulāθā' (m)	يوم الثلاثاء
Wednesday	yawm al arbi'ā' (m)	يوم الأربعاء
Thursday	yawm al χamīs (m)	يوم الخميس
Friday	yawm al ʒum'a (m)	يوم الجمعة
Saturday	yawm as sabt (m)	يوم السبت
Sunday	yawm al aḥad (m)	يوم الأحد

today (adv)	al yawm	اليوم
tomorrow (adv)	ɣadan	غداً
the day after tomorrow	ba'd ɣad	بعد غد
yesterday (adv)	ams	أمس
the day before yesterday	awwal ams	أوّل أمس

day	yawm (m)	يوم
working day	yawm 'amal (m)	يوم عمل
public holiday	yawm al 'uṭla ar rasmiyya (m)	يوم العطلة الرسمية
day off	yawm 'uṭla (m)	يوم عطلة
weekend	ayyām al 'uṭla (pl)	أيام العطلة

all day long	ṭūl al yawm	طول اليوم
the next day (adv)	fil yawm at tāli	في اليوم التالي
two days ago	min yawmayn	قبل يومين
the day before	fil yawm as sābiq	في اليوم السابق
daily (adj)	yawmiy	يومي
every day (adv)	yawmiyyan	يومياً

week	usbū' (m)	أسبوع
last week (adv)	fil isbū' al māḍi	في الأسبوع الماضي
next week (adv)	fil isbū' al qādim	في الأسبوع القادم
weekly (adj)	usbū'iy	أسبوعي
every week (adv)	usbū'iyyan	أسبوعياً
twice a week	marratayn fil usbū'	مرّتين في الأسبوع
every Tuesday	kull yawm aθ θulāθā'	كل يوم الثلاثاء

20. Hours. Day and night

morning	ṣabāḥ (m)	صباح
in the morning	fiṣ ṣabāḥ	في الصباح
noon, midday	ẓuhr (m)	ظهر
in the afternoon	ba'd aẓ ẓuhr	بعد الظهر

| evening | masā' (m) | مساء |
| in the evening | fil masā' | في المساء |

night	layl (m)	ليل
at night	bil layl	بالليل
midnight	muntaṣif al layl (m)	منتصف الليل
second	θāniya (f)	ثانية
minute	daqīqa (f)	دقيقة
hour	sāʻa (f)	ساعة
half an hour	niṣf sāʻa (m)	نصف ساعة
a quarter-hour	rubʻ sāʻa (f)	ربع ساعة
fifteen minutes	χamsat ʻaʃar daqīqa	خمس عشرة دقيقة
24 hours	yawm kāmil (m)	يوم كامل
sunrise	ʃurūq aʃ ʃams (m)	شروق الشمس
dawn	faʒr (m)	فجر
early morning	ṣabāḥ bākir (m)	صباح باكر
sunset	ɣurūb aʃ ʃams (m)	غروب الشمس
early in the morning	fis ṣabāḥ al bākir	في الصباح الباكر
this morning	al yawm fiṣ ṣabāḥ	اليوم في الصباح
tomorrow morning	ɣadan fiṣ ṣabāḥ	غدًا في الصباح
this afternoon	al yawm baʻd aẓ ẓuhr	اليوم بعد الظهر
in the afternoon	baʻd aẓ ẓuhr	بعد الظهر
tomorrow afternoon	ɣadan baʻd aẓ ẓuhr	غدًا بعد الظهر
tonight (this evening)	al yawm fil masāʼ	اليوم في المساء
tomorrow night	ɣadan fil masāʼ	غدًا في المساء
at 3 o'clock sharp	fis sāʻa aθ θāliθa tamāman	في الساعة الثالثة تماما
about 4 o'clock	fis sāʻa ar rābiʻa taqrīban	في الساعة الرابعة تقريبا
by 12 o'clock	ḥattas sāʻa aθ θāniya ʻaʃara	حتى الساعة الثانية عشرة
in 20 minutes	baʻd ʻiʃrīn daqīqa	بعد عشرين دقيقة
in an hour	baʻd sāʻa	بعد ساعة
on time (adv)	fi mawʻidih	في موعده
a quarter to ...	illa rubʻ	إلا ربع
within an hour	ṭiwāl sāʻa	طوال الساعة
every 15 minutes	kull rubʻ sāʻa	كل ربع ساعة
round the clock	layl nahār	ليل نهار

21. Months. Seasons

January	yanāyir (m)	يناير
February	fibrāyir (m)	فبراير
March	māris (m)	مارس
April	abrīl (m)	أبريل
May	māyu (m)	مايو
June	yūnyu (m)	يونيو
July	yūlyu (m)	يوليو
August	aɣusṭus (m)	أغسطس
September	sibtambar (m)	سبتمبر
October	uktūbir (m)	أكتوبر
November	nuvimbar (m)	نوفمبر

December	disimbar (m)	ديسمبر
spring	rabīʿ (m)	ربيع
in spring	fir rabīʿ	في الربيع
spring (as adj)	rabīʿiy	ربيعي
summer	ṣayf (m)	صيف
in summer	fiṣ ṣayf	في الصيف
summer (as adj)	ṣayfiy	صيفي
autumn	χarīf (m)	خريف
in autumn	fil χarīf	في الخريف
autumn (as adj)	χarīfiy	خريفي
winter	ʃitāʾ (m)	شتاء
in winter	fiʃ ʃitāʾ	في الشتاء
winter (as adj)	ʃitawiy	شتوي
month	ʃahr (m)	شهر
this month	fi haða aʃ ʃahr	في هذا الشهر
next month	fiʃ ʃahr al qādim	في الشهر القادم
last month	fiʃ ʃahr al māḍi	في الشهر الماضي
a month ago	qabl ʃahr	قبل شهر
in a month (a month later)	baʿd ʃahr	بعد شهر
in 2 months (2 months later)	baʿd ʃahrayn	بعد شهرين
the whole month	ṭūl aʃ ʃahr	طول الشهر
all month long	ʃahr kāmil	شهر كامل
monthly (~ magazine)	ʃahriy	شهري
monthly (adv)	kull ʃahr	كل شهر
every month	kull ʃahr	كل شهر
twice a month	marratayn fiʃ ʃahr	مرّتين في الشهر
year	sana (f)	سنة
this year	fi haðihi as sana	في هذه السنة
next year	fis sana al qādima	في السنة القادمة
last year	fis sana al māḍiya	في السنة الماضية
a year ago	qabla sana	قبل سنة
in a year	baʿd sana	بعد سنة
in two years	baʿd sanatayn	بعد سنتين
the whole year	ṭūl as sana	طول السنة
all year long	sana kāmila	سنة كاملة
every year	kull sana	كل سنة
annual (adj)	sanawiy	سنوي
annually (adv)	kull sana	كل سنة
4 times a year	arbaʿ marrāt fis sana	أربع مرّات في السنة
date (e.g. today's ~)	tarīχ (m)	تاريخ
date (e.g. ~ of birth)	tarīχ (m)	تاريخ
calendar	taqwīm (m)	تقويم
half a year	niṣf sana (m)	نصف سنة
six months	niṣf sana (m)	نصف سنة
season (summer, etc.)	faṣl (m)	فصل
century	qarn (m)	قرن

22. Units of measurement

weight	wazn (m)	وزن
length	ṭūl (m)	طول
width	'arḍ (m)	عرض
height	irtifā' (m)	إرتفاع
depth	'umq (m)	عمق
volume	ḥaʒm (m)	حجم
area	misāḥa (f)	مساحة
gram	grām (m)	جرام
milligram	milliɣrām (m)	مليغرام
kilogram	kiluɣrām (m)	كيلوغرام
ton	ṭunn (m)	طن
pound	raṭl (m)	رطل
ounce	ūnṣa (f)	أونصة
metre	mitr (m)	متر
millimetre	millimitr (m)	مليمتر
centimetre	santimitr (m)	سنتيمتر
kilometre	kilumitr (m)	كيلومتر
mile	mīl (m)	ميل
inch	būṣa (f)	بوصة
foot	qadam (f)	قدم
yard	yārda (f)	ياردة
square metre	mitr murabba' (m)	متر مربّع
hectare	hiktār (m)	هكتار
litre	litr (m)	لتر
degree	daraʒa (f)	درجة
volt	vūlt (m)	فولت
ampere	ambīr (m)	أمبير
horsepower	ḥiṣān (m)	حصان
quantity	kammiyya (f)	كمّية
a little bit of …	qalīl …	قليل…
half	niṣf (m)	نصف
dozen	iθnā 'aʃar (f)	إثنا عشر
piece (item)	waḥda (f)	وحدة
size	ḥaʒm (m)	حجم
scale (map ~)	miqyās (m)	مقياس
minimal (adj)	al adna	الأدنى
the smallest (adj)	al aṣɣar	الأصغر
medium (adj)	mutawassiṭ	متوسّط
maximal (adj)	al aqṣa	الأقصى
the largest (adj)	al akbar	الأكبر

23. Containers

canning jar (glass ~)	barṭamān (m)	برطمان
tin, can	tanaka (f)	تنكة

bucket	ӡardal (m)	جردل
barrel	barmīl (m)	برميل
wash basin (e.g., plastic ~)	ḥawḍ lil ɣasīl (m)	حوض للغسيل
tank (100L water ~)	xazzān (m)	خزّان
hip flask	zamzamiyya (f)	زمزميّة
jerrycan	ӡirikan (m)	جركن
tank (e.g., tank car)	xazzān (m)	خزّان
mug	māgg (m)	ماجّ
cup (of coffee, etc.)	finӡān (m)	فنجان
saucer	ṭabaq finӡān (m)	طبق فنجان
glass (tumbler)	kubbāya (f)	كبّاية
wine glass	ka's (f)	كأس
stock pot (soup pot)	kassirūlla (f)	كاسرولة
bottle (~ of wine)	zuӡāӡa (f)	زجاجة
neck (of the bottle, etc.)	'unq (m)	عنق
carafe (decanter)	dawraq zuӡāӡiy (m)	دورق زجاجيّ
pitcher	ibrīq (m)	إبريق
vessel (container)	inā' (m)	إناء
pot (crock, stoneware ~)	aṣīṣ (m)	أصيص
vase	vāza (f)	فازة
bottle (perfume ~)	zuӡāӡa (f)	زجاجة
vial, small bottle	zuӡāӡa (f)	زجاجة
tube (of toothpaste)	umbūba (f)	أنبوبة
sack (bag)	kīs (m)	كيس
bag (paper ~, plastic ~)	kīs (m)	كيس
packet (of cigarettes, etc.)	'ulba (f)	علبة
box (e.g. shoebox)	'ulba (f)	علبة
crate	ṣundū' (m)	صندوق
basket	salla (f)	سلة

HUMAN BEING

Human being. The body

24. Head

head	ra's (m)	رأس
face	waʒh (m)	وجه
nose	anf (m)	أنف
mouth	fam (m)	فم
eye	ʿayn (f)	عين
eyes	ʿuyūn (pl)	عيون
pupil	ḥadaqa (f)	حدقة
eyebrow	ḥāʒib (m)	حاجب
eyelash	rimʃ (m)	رمش
eyelid	ʒafn (m)	جفن
tongue	lisān (m)	لسان
tooth	sinn (f)	سنّ
lips	ʃifāh (pl)	شفاه
cheekbones	ʿiẓām waʒhiyya (pl)	عظام وجهيَة
gum	liθθa (f)	لثة
palate	ḥanak (m)	حنك
nostrils	minxarān (du)	منخران
chin	ðaqan (m)	ذقن
jaw	fakk (m)	فكّ
cheek	xadd (m)	خدّ
forehead	ʒabha (f)	جبهة
temple	ṣudɣ (m)	صدغ
ear	uðun (f)	أذن
back of the head	qafa (m)	قفا
neck	raqaba (f)	رقبة
throat	ḥalq (m)	حلق
hair	ʃaʿr (m)	شعر
hairstyle	tasrīḥa (f)	تسريحة
haircut	tasrīḥa (f)	تسريحة
wig	barūka (f)	باروكة
moustache	ʃawārib (pl)	شوارب
beard	liḥya (f)	لحية
to have (a beard, etc.)	ʿindahu	عنده
plait	ḍifīra (f)	ضفيرة
sideboards	sawālif (pl)	سوالف
red-haired (adj)	aḥmar aʃ ʃaʿr	أحمر الشعر
grey (hair)	abyaḍ	أبيض

bald (adj)	aṣlaʿ	أصلع
bald patch	ṣalaʿ (m)	صلع
ponytail	ðayl ḥiṣān (m)	ذيل حصان
fringe	quṣṣa (f)	قصّة

25. Human body

hand	yad (m)	يد
arm	ðirāʿ (f)	ذراع
finger	iṣbaʿ (m)	إصبع
toe	iṣbaʿ al qadam (m)	إصبع القدم
thumb	ibhām (m)	إبهام
little finger	xunṣur (m)	خنصر
nail	ẓufr (m)	ظفر
fist	qabḍa (f)	قبضة
palm	kaff (f)	كفّ
wrist	miʿṣam (m)	معصم
forearm	sāʿid (m)	ساعد
elbow	mirfaq (m)	مرفق
shoulder	katf (m)	كتف
leg	riʒl (f)	رجل
foot	qadam (f)	قدم
knee	rukba (f)	ركبة
calf (part of leg)	sammāna (f)	سمّانة
hip	faxð (f)	فخذ
heel	ʿaqb (m)	عقب
body	ʒism (m)	جسم
stomach	baṭn (m)	بطن
chest	ṣadr (m)	صدر
breast	θady (m)	ثدي
flank	ʒamb (m)	جنب
back	ẓahr (m)	ظهر
lower back	asfal aẓ ẓahr (m)	أسفل الظهر
waist	xaṣr (m)	خصر
navel (belly button)	surra (f)	سرّة
buttocks	ardāf (pl)	أرداف
bottom	dubr (m)	دبر
beauty spot	ʃāma (f)	شامة
birthmark (café au lait spot)	waḥma	وحمة
tattoo	waʃm (m)	وشم
scar	nadba (f)	ندبة

Clothing & Accessories

26. Outerwear. Coats

clothes	malābis (pl)	ملابس
outerwear	malābis fawqāniyya (pl)	ملابس فوقانيّة
winter clothing	malābis ʃitawiyya (pl)	ملابس شتويّة
coat (overcoat)	mi'ṭaf (m)	معطف
fur coat	mi'ṭaf farw (m)	معطف فرو
fur jacket	ʒakīt farw (m)	جاكيت فرو
down coat	haʃiyyat rīʃ (m)	حشية ريش
jacket (e.g. leather ~)	ʒakīt (m)	جاكيت
raincoat (trenchcoat, etc.)	mi'ṭaf lil maṭar (m)	معطف للمطر
waterproof (adj)	ṣāmid lil mā'	صامد للماء

27. Men's & women's clothing

shirt (button shirt)	qamīṣ (m)	قميص
trousers	banṭalūn (m)	بنطلون
jeans	ʒīnz (m)	جينز
suit jacket	sutra (f)	سترة
suit	badla (f)	بدلة
dress (frock)	fustān (m)	فستان
skirt	tannūra (f)	تنّورة
blouse	blūza (f)	بلوزة
knitted jacket (cardigan, etc.)	kardigān (m)	كارديجان
jacket (of woman's suit)	ʒakīt (m)	جاكيت
T-shirt	ti ʃirt (m)	تي شيرت
shorts (short trousers)	ʃūrt (m)	شورت
tracksuit	badlat at tadrīb (f)	بدلة التدريب
bathrobe	θawb ḥammām (m)	ثوب حمّام
pyjamas	biʒāma (f)	بيجاما
jumper (sweater)	bulūvir (m)	بلوفر
pullover	bulūvir (m)	بلوفر
waistcoat	ṣudayriy (m)	صديريّ
tailcoat	badlat sahra (f)	بدلة سهرة
dinner suit	smūkin (m)	سموكن
uniform	zayy muwaḥḥad (m)	زيّ موحّد
workwear	θiyāb al 'amal (m)	ثياب العمل
boiler suit	uvirūl (m)	اوفرول
coat (e.g. doctor's smock)	θawb (m)	ثوب

28. Clothing. Underwear

underwear	malābis dāxiliyya (pl)	ملابس داخليّة
pants	sirwāl dāxiliy riʒāliy (m)	سروال داخلي رجاليّ
panties	sirwāl dāxiliy nisā'iy (m)	سروال داخلي نسائيّ
vest (singlet)	qamīṣ bila aqmām (m)	قميص بلا أكمام
socks	ʒawārib (pl)	جوارب
nightgown	qamīṣ nawm (m)	قميص نوم
bra	ḥammālat ṣadr (f)	حمّالة صدر
knee highs (knee-high socks)	ʒawārib ṭawīla (pl)	جوارب طويلة
tights	ʒawārib kulūn (pl)	جوارب كولون
stockings (hold ups)	ʒawārib nisā'iyya (pl)	جوارب نسائية
swimsuit, bikini	libās sibāḥa (m)	لباس سباحة

29. Headwear

hat	qubbaʻa (f)	قبّعة
trilby hat	burnayṭa (f)	برنيطة
baseball cap	kāb baysbūl (m)	كاب بيسبول
flatcap	qubbaʻa musaṭṭaḥa (f)	قبّعة مسطحة
beret	birīh (m)	بيريه
hood	ɣiṭā' (m)	غطاء
panama hat	qubbaʻat banāma (f)	قبّعة بناما
knit cap (knitted hat)	qubbāʻa maḥbūka (m)	قبّعة محبوكة
headscarf	īʃārb (m)	إيشارب
women's hat	burnayṭa (f)	برنيطة
hard hat	xūða (f)	خوذة
forage cap	kāb (m)	كاب
helmet	xūða (f)	خوذة
bowler	qubbaʻat dirbi (f)	قبّعة ديربي
top hat	qubbaʻa ʻāliya (f)	قبّعة عالية

30. Footwear

footwear	aḥðiya (pl)	أحذية
shoes (men's shoes)	ʒazma (f)	جزمة
shoes (women's shoes)	ʒazma (f)	جزمة
boots (e.g., cowboy ~)	būt (m)	بوت
carpet slippers	ʃibʃib (m)	شبشب
trainers	ḥiðā' riyāḍiy (m)	حذاء رياضيّ
trainers	kutʃi (m)	كوتشي
sandals	ṣandal (pl)	صندل
cobbler (shoe repairer)	iskāfiy (m)	إسكافيّ
heel	kaʻb (m)	كعب

pair (of shoes)	zawʒ (m)	زوج
lace (shoelace)	ʃarīṭ (m)	شريط
to lace up (vt)	rabaṭ	ربط
shoehorn	labbāsat ḥiðā' (f)	لبّاسة حذاء
shoe polish	warnīʃ al ḥiðā' (m)	ورنيش الحذاء

31. Personal accessories

gloves	quffāz (m)	قفّاز
mittens	quffāz muɣlaq (m)	قفّاز مغلق
scarf (muffler)	'īʃārb (m)	إيشارب
glasses	nazzāra (f)	نظّارة
frame (eyeglass ~)	iṭār (m)	إطار
umbrella	ʃamsiyya (f)	شمسيّة
walking stick	'aṣa (f)	عصا
hairbrush	furʃat ʃa'r (f)	فرشة شعر
fan	mirwaḥa yadawiyya (f)	مروحة يدويّة
tie (necktie)	karavatta (f)	كرافتة
bow tie	babyūn (m)	ببيون
braces	ḥammāla (f)	حمّالة
handkerchief	mandīl (m)	منديل
comb	miʃṭ (m)	مشط
hair slide	dabbūs (m)	دبّوس
hairpin	bansa (m)	بنسة
buckle	bukla (f)	بكلة
belt	ḥizām (m)	حزام
shoulder strap	ḥammalat al katf (f)	حمّالة الكتف
bag (handbag)	ʃanṭa (f)	شنطة
handbag	ʃanṭat yad (f)	شنطة يد
rucksack	ḥaqībat ẓahr (f)	حقيبة ظهر

32. Clothing. Miscellaneous

fashion	mūḍa (f)	موضة
in vogue (adj)	fil mūḍa	في الموضة
fashion designer	muṣammim azyā' (m)	مصمّم أزياء
collar	yāqa (f)	ياقة
pocket	ʒayb (m)	جيب
pocket (as adj)	ʒayb	جيب
sleeve	kumm (m)	كمّ
hanging loop	'allāqa (f)	علّاقة
flies (on trousers)	lisān (m)	لسان
zip (fastener)	zimām munzaliq (m)	زمام منزلق
fastener	miʃbak (m)	مشبك
button	zirr (m)	زرّ

buttonhole	'urwa (f)	عروة
to come off (ab. button)	waqa'	وقع
to sew (vi, vt)	χāṭ	خاط
to embroider (vi, vt)	ṭarraz	طرَّز
embroidery	taṭrīz (m)	تطريز
sewing needle	ibra (f)	إبرة
thread	χayṭ (m)	خيط
seam	darz (m)	درز
to get dirty (vi)	tawassaχ	توسّخ
stain (mark, spot)	buq'a (f)	بقعة
to crease, crumple (vi)	takarmaʃ	تكرمش
to tear, to rip (vt)	qaṭṭa'	قطَّع
clothes moth	'uθθa (f)	عثّة

33. Personal care. Cosmetics

toothpaste	ma'ʒūn asnān (m)	معجون أسنان
toothbrush	furʃat asnān (f)	فرشة أسنان
to clean one's teeth	nazzaf al asnān	نظّف الأسنان
razor	mūs ḥilāqa (m)	موس حلاقة
shaving cream	krīm ḥilāqa (m)	كريم حلاقة
to shave (vi)	ḥalaq	حلق
soap	ṣābūn (m)	صابون
shampoo	ʃāmbū (m)	شامبو
scissors	maqaṣṣ (m)	مقصّ
nail file	mibrad (m)	مبرد
nail clippers	milqaṭ (m)	ملقط
tweezers	milqaṭ (m)	ملقط
cosmetics	mawādd at taʒmīl (pl)	موادّ التجميل
face mask	mask (m)	ماسك
manicure	manikūr (m)	مانيكور
to have a manicure	'amal manikūr	عمل مانيكور
pedicure	badikīr (m)	باديكير
make-up bag	ḥaqībat adawāt at taʒmīl (f)	حقيبة أدوات التجميل
face powder	budrat waʒh (f)	بودرة وجه
powder compact	'ulbat būdra (f)	علبة بودرة
blusher	aḥmar χudūd (m)	أحمر خدود
perfume (bottled)	'iṭr (m)	عطر
toilet water (lotion)	kulūnya (f)	كولونيا
lotion	lusiyun (m)	لوسيون
cologne	kulūniya (f)	كولونيا
eyeshadow	ay ʃaduw (m)	اي شادو
eyeliner	kuḥl al 'uyūn (m)	كحل العيون
mascara	maskara (f)	ماسكارا
lipstick	aḥmar ʃifāh (m)	أحمر شفاه

nail polish	mulammi' al aẓāfir (m)	ملمّع الاظافر
hair spray	muθabbit aʃ ʃa'r	مثبّت الشعر
deodorant	muzīl rawā'iḥ (m)	مزيل روائح
cream	krīm (m)	كريم
face cream	krīm lil waʒh (m)	كريم للوجه
hand cream	krīm lil yadayn (m)	كريم لليدين
anti-wrinkle cream	krīm muḍādd lit taʒā'īd (m)	كريم مضاد للتجاعيد
day cream	krīm an nahār (m)	كريم النهار
night cream	krīm al layl (m)	كريم الليل
day (as adj)	nahāriy	نهاريّ
night (as adj)	layliy	ليلي
tampon	tambūn (m)	تانبون
toilet paper (toilet roll)	waraq ḥammām (m)	ورق حمّام
hair dryer	muʒaffif ʃa'r (m)	مجفّف شعر

34. Watches. Clocks

watch (wristwatch)	sā'a (f)	ساعة
dial	waʒh as sā'a (m)	وجه الساعة
hand (of clock, watch)	'aqrab as sā'a (m)	عقرب الساعة
metal bracelet	siwār sā'a ma'daniyya (m)	سوار ساعة معدنية
watch strap	siwār sā'a (m)	سوار ساعة
battery	battāriyya (f)	بطّاريّة
to be flat (battery)	tafarraɣ	تفرّغ
to change a battery	ɣayyar al battāriyya	غيّر البطّارية
to run fast	sabaq	سبق
to run slow	ta'axxar	تأخّر
wall clock	sā'at ḥā'iṭ (f)	ساعة حائط
hourglass	sā'a ramliyya (f)	ساعة رمليّة
sundial	sā'a ʃamsiyya (f)	ساعة شمسيّة
alarm clock	munabbih (m)	منبّه
watchmaker	sa'ātiy (m)	ساعاتيّ
to repair (vt)	aṣlaḥ	أصلح

Food. Nutricion

35. Food

meat	laḥm (m)	لحم
chicken	daӡāӡ (m)	دجاج
poussin	farrūӡ (m)	فروج
duck	baṭṭa (f)	بطّة
goose	iwazza (f)	إوزّة
game	ṣayd (m)	صيد
turkey	daӡāӡ rūmiy (m)	دجاج رومي
pork	laḥm al xinzīr (m)	لحم الخنزير
veal	laḥm il 'iӡl (m)	لحم العجل
lamb	laḥm aḍ ḍa'n (m)	لحم الضأن
beef	laḥm al baqar (m)	لحم البقر
rabbit	arnab (m)	أرنب
sausage (bologna, pepperoni, etc.)	suӡuq (m)	سجق
vienna sausage (frankfurter)	suӡuq (m)	سجق
bacon	bikūn (m)	بيكون
ham	hām (m)	هام
gammon	faxð xinzīr (m)	فخذ خنزير
pâté	ma'ӡūn laḥm (m)	معجون لحم
liver	kibda (f)	كبدة
mince (minced meat)	ḥaʃwa (f)	حشوة
tongue	lisān (m)	لسان
egg	bayḍa (f)	بيضة
eggs	bayḍ (m)	بيض
egg white	bayāḍ al bayḍ (m)	بياض البيض
egg yolk	ṣafār al bayḍ (m)	صفار البيض
fish	samak (m)	سمك
seafood	fawākih al baḥr (pl)	فواكه البحر
caviar	kaviyār (m)	كافيار
crab	salṭa'ūn (m)	سلطعون
prawn	ӡambari (m)	جمبري
oyster	maḥār (m)	محار
spiny lobster	karkand ʃāik (m)	كركند شائك
octopus	uxṭubūṭ (m)	أخطبوط
squid	kalmāri (m)	كالماري
sturgeon	samak al ḥaʃʃ (m)	سمك الحفش
salmon	salmūn (m)	سلمون
halibut	samak al halbūt (m)	سمك الهلبوت
cod	samak al qudd (m)	سمك القدّ

mackerel	usqumriy (m)	أسقمريّ
tuna	tūna (f)	تونة
eel	ḥankalīs (m)	حنكليس
trout	salmūn muraqqaṭ (m)	سلمون مرقّط
sardine	sardīn (m)	سردين
pike	samak al karāki (m)	سمك الكراكي
herring	rinʒa (f)	رنجة
bread	xubz (m)	خبز
cheese	ʒubna (f)	جبنة
sugar	sukkar (m)	سكّر
salt	milḥ (m)	ملح
rice	urz (m)	أرز
pasta (macaroni)	makarūna (f)	مكرونة
noodles	nūdlis (f)	نودلز
butter	zubda (f)	زبدة
vegetable oil	zayt (m)	زيت
sunflower oil	zayt ʿabīd aʃ ʃams (m)	زيت عبيد الشمس
margarine	marɣarīn (m)	مرغرين
olives	zaytūn (m)	زيتون
olive oil	zayt az zaytūn (m)	زيت الزيتون
milk	ḥalīb (m)	حليب
condensed milk	ḥalīb mukaθθaf (m)	حليب مكثّف
yogurt	yūɣurt (m)	يوغورت
soured cream	krīma ḥāmiḍa (f)	كريمة حامضة
cream (of milk)	krīma (f)	كريمة
mayonnaise	mayunīz (m)	مايونيز
buttercream	krīmat zubda (f)	كريمة زبدة
cereal grains (wheat, etc.)	ḥubūb (pl)	حبوب
flour	daqīq (m)	دقيق
tinned food	muʿallabāt (pl)	معلّبات
cornflakes	kurn fliks (m)	كورن فليكس
honey	ʿasal (m)	عسل
jam	murabba (m)	مربّى
chewing gum	ʿilk (m)	علك

36. Drinks

water	mā' (m)	ماء
drinking water	mā' ʃurb (m)	ماء شرب
mineral water	mā' maʿdaniy (m)	ماء معدنيّ
still (adj)	bi dūn ɣāz	بدون غاز
carbonated (adj)	mukarban	مكربن
sparkling (adj)	bil ɣāz	بالغاز
ice	θalʒ (m)	ثلج

with ice	biθ θalʒ	بالثلج
non-alcoholic (adj)	bi dūn kuḥūl	بدون كحول
soft drink	maʃrūb ɣāziy (m)	مشروب غازي
refreshing drink	maʃrūb muθallaʒ (m)	مشروب مثلج
lemonade	ʃarāb laymūn (m)	شراب ليمون
spirits	maʃrūbāt kuḥūliyya (pl)	مشروبات كحوليّة
wine	nabīð (f)	نبيذ
white wine	nibīð abyaḍ (m)	نبيذ أبيض
red wine	nabīð aḥmar (m)	نبيذ أحمر
liqueur	liqiūr (m)	ليكيور
champagne	ʃambāniya (f)	شمبانيا
vermouth	virmut (m)	فيرموث
whisky	wiski (m)	وسكي
vodka	vudka (f)	فودكا
gin	ʒīn (m)	جين
cognac	kunyāk (m)	كونياك
rum	rum (m)	رم
coffee	qahwa (f)	قهوة
black coffee	qahwa sāda (f)	قهوة سادة
white coffee	qahwa bil ḥalīb (f)	قهوة بالحليب
cappuccino	kaputʃīnu (m)	كابتشينو
instant coffee	niskafi (m)	نيسكافيه
milk	ḥalīb (m)	حليب
cocktail	kuktayl (m)	كوكتيل
milkshake	milk ʃyk (m)	ميلك شيك
juice	ʿaṣīr (m)	عصير
tomato juice	ʿaṣīr ṭamāṭim (m)	عصير طماطم
orange juice	ʿaṣīr burtuqāl (m)	عصير برتقال
freshly squeezed juice	ʿaṣīr tāziʒ (m)	عصير طازج
beer	bīra (f)	بيرة
lager	bīra xafīfa (f)	بيرة خفيفة
bitter	bīra ɣāmiqa (f)	بيرة غامقة
tea	ʃāy (m)	شاي
black tea	ʃāy aswad (m)	شاي أسود
green tea	ʃāy axḍar (m)	شاي أخضر

37. Vegetables

vegetables	xuḍār (pl)	خضار
greens	xuḍrawāt waraqiyya (pl)	خضروات ورقيّة
tomato	ṭamāṭim (f)	طماطم
cucumber	xiyār (m)	خيار
carrot	ʒazar (m)	جزر
potato	baṭāṭis (f)	بطاطس
onion	baṣal (m)	بصل

garlic	θūm (m)	ثوم
cabbage	kurumb (m)	كرنب
cauliflower	qarnabīṭ (m)	قرنبيط
Brussels sprouts	kurumb brūksil (m)	كرنب بروكسل
broccoli	brukuli (m)	بركولي
beetroot	banʒar (m)	بنجر
aubergine	bātinʒān (m)	باذنجان
courgette	kūsa (f)	كوسة
pumpkin	qarʿ (m)	قرع
turnip	lift (m)	لفت
parsley	baqdūnis (m)	بقدونس
dill	ʃabat (m)	شبت
lettuce	xass (m)	خسّ
celery	karafs (m)	كرفس
asparagus	halyūn (m)	هليون
spinach	sabānix (m)	سبانخ
pea	bisilla (f)	بسلّة
beans	fūl (m)	فول
maize	ðura (f)	ذرَة
kidney bean	faṣūliya (f)	فاصوليا
sweet paper	filfil (m)	فلفل
radish	fiʒl (m)	فجل
artichoke	xurʃūf (m)	خرشوف

38. Fruits. Nuts

fruit	fākiha (f)	فاكهة
apple	tuffāḥa (f)	تفّاحة
pear	kummaθra (f)	كمّثرى
lemon	laymūn (m)	ليمون
orange	burtuqāl (m)	برتقال
strawberry (garden ~)	farawla (f)	فراولة
tangerine	yūsufiy (m)	يوسفي
plum	barqūq (m)	برقوق
peach	durrāq (m)	دراق
apricot	miʃmiʃ (f)	مشمش
raspberry	tūt al ʿullayq al aḥmar (m)	توت العليق الأحمر
pineapple	ananās (m)	أناناس
banana	mawz (m)	موز
watermelon	baṭṭīx aḥmar (m)	بطّيخ أحمر
grape	ʿinab (m)	عنب
cherry	karaz (m)	كرز
melon	baṭṭīx aṣfar (f)	بطّيخ أصفر
grapefruit	zinbāʿ (m)	زنباع
avocado	avukādu (f)	افوكاتو
papaya	babāya (m)	بابايا
mango	mangu (m)	مانجو

pomegranate	rummān (m)	رمان
redcurrant	kiʃmiʃ aḥmar (m)	كشمش أحمر
blackcurrant	'inab aθ θa'lab al aswad (m)	عنب الثعلب الأسود
gooseberry	'inab aθ θa'lab (m)	عنب الثعلب
bilberry	'inab al aḥrāʒ (m)	عنب الأحراج
blackberry	θamar al 'ullayk (m)	ثمر العليّق
raisin	zabīb (m)	زبيب
fig	tīn (m)	تين
date	tamr (m)	تمر
peanut	fūl sudāniy (m)	فول سودانيّ
almond	lawz (m)	لوز
walnut	'ayn al ʒamal (f)	عين الجمل
hazelnut	bunduq (m)	بندق
coconut	ʒawz al hind (m)	جوز هند
pistachios	fustuq (m)	فستق

39. Bread. Sweets

bakers' confectionery (pastry)	ḥalawiyyāt (pl)	حلويّات
bread	χubz (m)	خبز
biscuits	baskawīt (m)	بسكويت
chocolate (n)	ʃukulāta (f)	شكولاتة
chocolate (as adj)	biʃ ʃukulāta	بالشكولاتة
candy (wrapped)	bumbūn (m)	بونبون
cake (e.g. cupcake)	ka'k (m)	كعك
cake (e.g. birthday ~)	tūrta (f)	تورتة
pie (e.g. apple ~)	faṭīra (f)	فطيرة
filling (for cake, pie)	ḥaʃwa (f)	حشوة
jam (whole fruit jam)	murabba (m)	مربّى
marmalade	marmalād (f)	مرملاد
waffles	wāfil (m)	وافل
ice-cream	muθallaʒāt (pl)	مثلّجات
pudding (Christmas ~)	būding (m)	بودنج

40. Cooked dishes

course, dish	waʒba (f)	وجبة
cuisine	maṭbaχ (m)	مطبخ
recipe	waṣfa (f)	وصفة
portion	waʒba (f)	وجبة
salad	sulṭa (f)	سلطة
soup	ʃūrba (f)	شوربة
clear soup (broth)	maraq (m)	مرق
sandwich (bread)	sandawitʃ (m)	ساندويتش
fried eggs	bayḍ maqliy (m)	بيض مقليّ

hamburger (beefburger)	hamburger (m)	هامبورجر
beefsteak	biftīk (m)	بفتيك
side dish	ṭabaq ӡānibiy (m)	طبق جانبيّ
spaghetti	spayitti (m)	سباغيتي
mash	harīs baṭāṭis (m)	هريس بطاطس
pizza	bītza (f)	بيتزا
porridge (oatmeal, etc.)	'aṣīda (f)	عصيدة
omelette	bayḍ maxfūq (m)	بيض مخفوق
boiled (e.g. ~ beef)	maslūq	مسلوق
smoked (adj)	mudaxxin	مدخّن
fried (adj)	maqliy	مقليّ
dried (adj)	muӡaffaf	مجفّف
frozen (adj)	muӡammad	مجمّد
pickled (adj)	muxallil	مخلّل
sweet (sugary)	musakkar	مسكّر
salty (adj)	māliḥ	مالح
cold (adj)	bārid	بارد
hot (adj)	sāxin	ساخن
bitter (adj)	murr	مرّ
tasty (adj)	laðīð	لذيذ
to cook in boiling water	ṭabax	طبخ
to cook (dinner)	ḥaḍḍar	حضّر
to fry (vt)	qala	قلى
to heat up (food)	saxxan	سخّن
to salt (vt)	mallaḥ	ملّح
to pepper (vt)	falfal	فلفل
to grate (vt)	baʃar	بشر
peel (n)	qiʃra (f)	قشرة
to peel (vt)	qaʃʃar	قشّر

41. Spices

salt	milḥ (m)	ملح
salty (adj)	māliḥ	مالح
to salt (vt)	mallaḥ	ملّح
black pepper	filfil aswad (m)	فلفل أسود
red pepper (milled ~)	filfil aḥmar (m)	فلفل أحمر
mustard	ṣalṣat al xardal (f)	صلصة الخردل
horseradish	fiӡl ḥārr (m)	فجل حارّ
condiment	tābil (m)	تابل
spice	bahār (m)	بهار
sauce	ṣalṣa (f)	صلصة
vinegar	xall (m)	خلّ
anise	yānsūn (m)	يانسون
basil	rīḥān (m)	ريحان
cloves	qurumful (m)	قرنفل

ginger	zanʒabīl (m)	زنجبيل
coriander	kuzbara (f)	كزبرة
cinnamon	qirfa (f)	قرفة
sesame	simsim (m)	سمسم
bay leaf	awrāq al ɣār (pl)	أوراق الغار
paprika	babrika (f)	بابريكا
caraway	karāwiya (f)	كراوية
saffron	zaʻfarān (m)	زعفران

42. Meals

food	akl (m)	أكل
to eat (vi, vt)	akal	أكل
breakfast	futūr (m)	فطور
to have breakfast	aftar	أفطر
lunch	ɣadā' (m)	غداء
to have lunch	taɣadda	تغدَى
dinner	ʻaʃā' (m)	عشاء
to have dinner	taʻaʃʃa	تعشَى
appetite	ʃahiyya (f)	شهيَة
Enjoy your meal!	hanī'an marī'an!	هنيئًا مريئًا!
to open (~ a bottle)	fataḥ	فتح
to spill (liquid)	dalaq	دلق
to spill out (vi)	indalaq	إندلق
to boil (vi)	ɣala	غلى
to boil (vt)	ɣala	غلى
boiled (~ water)	maɣliy	مغليّ
to chill, cool down (vt)	barrad	برَد
to chill (vi)	tabarrad	تبرَد
taste, flavour	taʻm (m)	طعم
aftertaste	al maðāq al ʻāliq fil fam (m)	المذاق العالق في الفم
to slim down (lose weight)	faqad al wazn	فقد الوزن
diet	ḥimya ɣaðā'iyya (f)	حمية غذائية
vitamin	vitamīn (m)	فيتامين
calorie	suʻra ḥarāriyya (f)	سعرة حرارية
vegetarian (n)	nabātiy (m)	نباتيّ
vegetarian (adj)	nabātiy	نباتي
fats (nutrient)	duhūn (pl)	دهون
proteins	brutināt (pl)	بروتينات
carbohydrates	naʃawiyyāt (pl)	نشويَات
slice (of lemon, ham)	ʃarīḥa (f)	شريحة
piece (of cake, pie)	qiṭʻa (f)	قطعة
crumb (of bread, cake, etc.)	futāta (f)	فتاتة

43. Table setting

spoon	milʿaqa (f)	ملعقة
knife	sikkīn (m)	سكّين
fork	ʃawka (f)	شوكة
cup (e.g., coffee ~)	finʒān (m)	فنجان
plate (dinner ~)	ṭabaq (m)	طبق
saucer	ṭabaq finʒān (m)	طبق فنجان
serviette	mandīl (m)	منديل
toothpick	χallat asnān (f)	خلة أسنان

44. Restaurant

restaurant	maṭʿam (m)	مطعم
coffee bar	kafé (m), maqha (m)	كافيه، مقهى
pub, bar	bār (m)	بار
tearoom	ṣālun ʃāy (m)	صالون شاي
waiter	nādil (m)	نادل
waitress	nādila (f)	نادلة
barman	bārman (m)	بارمان
menu	qāʾimat aṭ ṭaʿām (f)	قائمة طعام
wine list	qāʾimat al χumūr (f)	قائمة خمور
to book a table	ḥaʒaz māʾida	حجز مائدة
course, dish	waʒba (f)	وجبة
to order (meal)	ṭalab	طلب
to make an order	ṭalab	طلب
aperitif	ʃarāb (m)	شراب
starter	muqabbilāt (pl)	مقبّلات
dessert, pudding	ḥalawiyyāt (pl)	حلويات
bill	ḥisāb (m)	حساب
to pay the bill	dafaʿ al ḥisāb	دفع الحساب
to give change	aʿṭa al bāqi	أعطى الباقي
tip	baqʃīʃ (m)	بقشيش

Family, relatives and friends

45. Personal information. Forms

name (first name)	ism (m)	إسم
surname (last name)	ism al 'ā'ila (m)	إسم العائلة
date of birth	tarīx al mīlād (m)	تاريخ الميلاد
place of birth	makān al mīlād (m)	مكان الميلاد
nationality	ʒinsiyya (f)	جنسية
place of residence	maqarr al iqāma (m)	مقر الإقامة
country	balad (m)	بلد
profession (occupation)	mihna (f)	مهنة
gender, sex	ʒins (m)	جنس
height	ṭūl (m)	طول
weight	wazn (m)	وزن

46. Family members. Relatives

mother	umm (f)	أُمّ
father	ab (m)	أب
son	ibn (m)	إبن
daughter	ibna (f)	إبنة
younger daughter	al ibna aṣ ṣaɣīra (f)	الإبنة الصغيرة
younger son	al ibn as ṣaɣīr (m)	الابن الصغير
eldest daughter	al ibna al kabīra (f)	الإبنة الكبيرة
eldest son	al ibn al kabīr (m)	الإبن الكبير
brother	ax (m)	أخ
elder brother	al ax al kabīr (m)	الأخ الكبير
younger brother	al ax aṣ ṣaɣīr (m)	الأخ الصغير
sister	uxt (f)	أخت
elder sister	al uxt al kabīra (f)	الأخت الكبيرة
younger sister	al uxt aṣ ṣaɣīra (f)	الأخت الصغيرة
cousin (masc.)	ibn 'amm (m), ibn xāl (m)	إبن عمّ، إبن خال
cousin (fem.)	ibnat 'amm (f), ibnat xāl (f)	إبنة عم، إبنة خال
mummy	mama (f)	ماما
dad, daddy	baba (m)	بابا
parents	wālidān (du)	والدان
child	ṭifl (m)	طفل
children	aṭfāl (pl)	أطفال
grandmother	ʒidda (f)	جدّة
grandfather	ʒadd (m)	جدّ
grandson	ḥafīd (m)	حفيد

granddaughter	ḥafīda (f)	حفيدة
grandchildren	aḥfād (pl)	أحفاد
uncle	'amm (m), χāl (m)	عمّ, خال
aunt	'amma (f), χāla (f)	عمّة, خالة
nephew	ibn al aχ (m), ibn al uχt (m)	إبن الأخ, إبن الأخت
niece	ibnat al aχ (f), ibnat al uχt (f)	إبنة الأخ, إبنة الأخت
mother-in-law (wife's mother)	ḥamātt (f)	حماة
father-in-law (husband's father)	ḥamm (m)	حم
son-in-law (daughter's husband)	zawʒ al ibna (m)	زوج الأبنة
stepmother	zawʒat al ab (f)	زوجة الأب
stepfather	zawʒ al umm (m)	زوج الأُم
infant	ṭifl raḍī' (m)	طفل رضيع
baby (infant)	mawlūd (m)	مولود
little boy, kid	walad ṣaɣīr (m)	ولد صغير
wife	zawʒa (f)	زوجة
husband	zawʒ (m)	زوج
spouse (husband)	zawʒ (m)	زوج
spouse (wife)	zawʒa (f)	زوجة
married (masc.)	mutazawwiʒ	متزوّج
married (fem.)	mutazawwiʒa	متزوّجة
single (unmarried)	a'zab	أعزب
bachelor	a'zab (m)	أعزب
divorced (masc.)	muṭallaq (m)	مطلق
widow	armala (f)	أرملة
widower	armal (m)	أرمل
relative	qarīb (m)	قريب
close relative	nasīb qarīb (m)	نسيب قريب
distant relative	nasīb ba'īd (m)	نسيب بعيد
relatives	aqārib (pl)	أقارب
orphan (boy or girl)	yatīm (m)	يتيم
guardian (of a minor)	waliyy amr (m)	وليّ أمر
to adopt (a boy)	tabanna	تبنّى
to adopt (a girl)	tabanna	تبنّى

Medicine

47. Diseases

illness	maraḍ (m)	مرض
to be ill	maraḍ	مرض
health	ṣiḥḥa (f)	صحّة
runny nose (coryza)	zukām (m)	زكام
tonsillitis	iltihāb al lawzatayn (m)	التهاب اللوزتين
cold (illness)	bard (m)	برد
to catch a cold	aṣābahu al bard	أصابه البرد
bronchitis	iltihāb al qaṣabāt (m)	إلتهاب القصبات
pneumonia	iltihāb ar riʾatayn (m)	إلتهاب الرئتين
flu, influenza	inflūnza (f)	إنفلونزا
shortsighted (adj)	qaṣīr an naẓar	قصير النظر
longsighted (adj)	baʿīd an naẓar	بعيد النظر
strabismus (crossed eyes)	ḥawal (m)	حول
squint-eyed (adj)	aḥwal	أحول
cataract	katarakt (f)	كاتاراكت
glaucoma	glawkūma (f)	جلوكوما
stroke	sakta (f)	سكتة
heart attack	iḥtifāʾ (m)	إحتشاء
myocardial infarction	nawba qalbiya (f)	نوبة قلبية
paralysis	ʃalal (m)	شلل
to paralyse (vt)	ʃall	شلّ
allergy	ḥassāsiyya (f)	حسّاسيّة
asthma	rabw (m)	ربو
diabetes	ad dāʾ as sukkariy (m)	الداء السكّريّ
toothache	alam al asnān (m)	ألم الأسنان
caries	naxar al asnān (m)	نخر الأسنان
diarrhoea	ishāl (m)	إسهال
constipation	imsāk (m)	إمساك
stomach upset	ʿusr al haḍm (m)	عسر الهضم
food poisoning	tasammum (m)	تسمّم
to get food poisoning	tasammam	تسمّم
arthritis	iltihāb al mafāṣil (m)	إلتهاب المفاصل
rickets	kusāḥ al aṭfāl (m)	كساح الأطفال
rheumatism	riumatizm (m)	روماتزم
atherosclerosis	taṣṣallub aʃ ʃarayīn (m)	تصلّب الشرايين
gastritis	iltihāb al maʿida (m)	إلتهاب المعدة
appendicitis	iltihāb az zāʾida ad dūdiyya (m)	إلتهاب الزائدة الدوديّة

cholecystitis	iltihāb al marāra (m)	إلتهاب المرارة
ulcer	qurḥa (f)	قرحة
measles	maraḍ al ḥaṣba (m)	مرض الحصبة
rubella (German measles)	ḥaṣba almāniyya (f)	حصبة ألمانية
jaundice	yaraqān (m)	يرقان
hepatitis	iltihāb al kabd al vayrūsiy (m)	إلتهاب الكبد الفيروسيّ
schizophrenia	ʃizufrīniya (f)	شيزوفرينيا
rabies (hydrophobia)	dāʾ al kalb (m)	داء الكلب
neurosis	ʿiṣāb (m)	عصاب
concussion	irtiʒāʒ al muχχ (m)	إرتجاج المخ
cancer	saraṭān (m)	سرطان
sclerosis	taṣṣallub (m)	تصلّب
multiple sclerosis	taṣṣallub mutaʿaddid (m)	تصلّب متعدد
alcoholism	idmān al χamr (m)	إدمان الخمر
alcoholic (n)	mudmin al χamr (m)	مدمن الخمر
syphilis	sifilis az zuhariy (m)	سفلس الزهري
AIDS	al aydz (m)	الايدز
tumour	waram (m)	ورم
malignant (adj)	χabīθ	خبيث
benign (adj)	ḥamīd (m)	حميد
fever	ḥumma (f)	حمّى
malaria	malāriya (f)	ملاريا
gangrene	ɣanɣrīna (f)	غنغرينا
seasickness	duwār al baḥr (m)	دوار البحر
epilepsy	maraḍ aṣ ṣarʿ (m)	مرض الصرع
epidemic	wabāʾ (m)	وباء
typhus	tīfus (m)	تيفوس
tuberculosis	maraḍ as sull (m)	مرض السلّ
cholera	kulīra (f)	كوليرا
plague (bubonic ~)	ṭāʿūn (m)	طاعون

48. Symptoms. Treatments. Part 1

symptom	ʿaraḍ (m)	عرض
temperature	ḥarāra (f)	حرارة
high temperature (fever)	ḥumma (f)	حمّى
pulse	nabḍ (m)	نبض
dizziness (vertigo)	dawχa (f)	دوخة
hot (adj)	ḥārr	حارّ
shivering	nafaḍān (m)	نفضان
pale (e.g. ~ face)	aṣfar	أصفر
cough	suʿāl (m)	سعال
to cough (vi)	saʿal	سعل
to sneeze (vi)	ʿaṭas	عطس
faint	iɣmāʾ (m)	إغماء

to faint (vi)	ɣumiya ʻalayh	غمي عليه
bruise (hématome)	kadma (f)	كدمة
bump (lump)	tawarrum (m)	تورّم
to bang (bump)	iṣṭadam	إصطدم
contusion (bruise)	raḍḍ (m)	رضّ
to get a bruise	taraḍḍaḍ	ترضّض
to limp (vi)	ʻaraʒ	عرج
dislocation	χalʻ (m)	خلع
to dislocate (vt)	χalaʻ	خلع
fracture	kasr (m)	كسر
to have a fracture	inkasar	إنكسر
cut (e.g. paper ~)	ʒurḥ (m)	جرح
to cut oneself	ʒaraḥ nafsah	جرح نفسه
bleeding	nazf (m)	نزف
burn (injury)	ḥarq (m)	حرق
to get burned	taʃayyat	تشيّط
to prick (vt)	waχaz	وخز
to prick oneself	waχaz nafsah	وخز نفسه
to injure (vt)	aṣāb	أصاب
injury	iṣāba (f)	إصابة
wound	ʒurḥ (m)	جرح
trauma	ṣadma (f)	صدمة
to be delirious	haða	هذى
to stutter (vi)	talaʻsam	تلعثم
sunstroke	ḍarbat ʃams (f)	ضربة شمس

49. Symptoms. Treatments. Part 2

pain, ache	alam (m)	ألم
splinter (in foot, etc.)	ʃaẓiyya (f)	شظيّة
sweat (perspiration)	ʻirq (m)	عرق
to sweat (perspire)	ʻariq	عرق
vomiting	taqayyuʻ (m)	تقيّؤ
convulsions	taʃannuʒāt (pl)	تشنّجات
pregnant (adj)	ḥāmil	حامل
to be born	wulid	وُلد
delivery, labour	wilāda (f)	ولادة
to deliver (~ a baby)	walad	ولد
abortion	iʒhāḍ (m)	إجهاض
breathing, respiration	tanaffus (m)	تنفّس
in-breath (inhalation)	istinʃāq (m)	إستنشاق
out-breath (exhalation)	zafīr (m)	زفير
to exhale (breathe out)	zafar	زفر
to inhale (vi)	istanʃaq	إستنشق
disabled person	muʻāq (m)	معاق
cripple	muqʻad (m)	مقعد

drug addict	mudmin muxaddirāt (m)	مدمن مخدّرات
deaf (adj)	aṭraʃ	أطرش
mute (adj)	axras	أخرس
deaf mute (adj)	aṭraʃ axras	أطرش أخرس
mad, insane (adj)	maʒnūn (m)	مجنون
madman (demented person)	maʒnūn (m)	مجنون
madwoman	maʒnūna (f)	مجنونة
to go insane	ʒunn	جُنّ
gene	ʒīn (m)	جين
immunity	manāʿa (f)	مناعة
hereditary (adj)	wirāθiy	وراثيّ
congenital (adj)	xilqiy munð al wilāda	خلقيّ منذ الولادة
virus	virūs (m)	فيروس
microbe	mikrūb (m)	ميكروب
bacterium	ʒurθūma (f)	جرثومة
infection	ʿadwa (f)	عدوى

50. Symptoms. Treatments. Part 3

hospital	mustaʃfa (m)	مستشفى
patient	marīḍ (m)	مريض
diagnosis	taʃxīṣ (m)	تشخيص
cure	ʿilāʒ (m)	علاج
medical treatment	ʿilāʒ (m)	علاج
to get treatment	taʿālaʒ	تعالج
to treat (~ a patient)	ʿālaʒ	عالج
to nurse (look after)	marraḍ	مرّض
care (nursing ~)	ʿināya (f)	عناية
operation, surgery	ʿamaliyya ʒaraḥiyya (f)	عمليّة جرحيّة
to bandage (head, limb)	ḍammad	ضمّد
bandaging	taḍmīd (m)	تضميد
vaccination	talqīḥ (m)	تلقيح
to vaccinate (vt)	laqqaḥ	لقّح
injection	ḥuqna (f)	حقنة
to give an injection	ḥaqan ibra	حقن إبرة
attack	nawba (f)	نوبة
amputation	batr (m)	بتر
to amputate (vt)	batar	بتر
coma	ɣaybūba (f)	غيبوبة
to be in a coma	kān fi ḥālat ɣaybūba	كان في حالة غيبوبة
intensive care	al ʿināya al murakkaza (f)	العناية المركّزة
to recover (~ from flu)	ʃufiy	شفي
condition (patient's ~)	ḥāla (f)	حالة
consciousness	waʿy (m)	وعي
memory (faculty)	ðākira (f)	ذاكرة

to pull out (tooth)	χala'	خلع
filling	ḥaʃw (m)	حشو
to fill (a tooth)	ḥaʃa	حشا
hypnosis	at tanwīm al maɣnaṭīsiy (m)	التنويم المغناطيسيّ
to hypnotize (vt)	nawwam	نوّم

51. Doctors

doctor	ṭabīb (m)	طبيب
nurse	mumarriḍa (f)	ممرّضة
personal doctor	duktūr ʃaχṣiy (m)	دكتور شخصيّ
dentist	ṭabīb al asnān (m)	طبيب الأسنان
optician	ṭabīb al 'uyūn (m)	طبيب العيون
general practitioner	ṭabīb bāṭiniy (m)	طبيب باطنيّ
surgeon	ʒarrāḥ (m)	جرّاح
psychiatrist	ṭabīb nafsiy (m)	طبيب نفسيّ
paediatrician	ṭabīb al aṭfāl (m)	طبيب الأطفال
psychologist	sikulūʒiy (m)	سيكولوجيّ
gynaecologist	ṭabīb an nisā' (m)	طبيب النساء
cardiologist	ṭabīb al qalb (m)	طبيب القلب

52. Medicine. Drugs. Accessories

medicine, drug	dawā' (m)	دواء
remedy	'ilāʒ (m)	علاج
to prescribe (vt)	waṣaf	وصف
prescription	waṣfa (f)	وصفة
tablet, pill	qurṣ (m)	قرص
ointment	marham (m)	مرهم
ampoule	ambūla (f)	أمبولة
mixture	dawā' ʃarāb (m)	دواء شراب
syrup	ʃarāb (m)	شراب
pill	ḥabba (f)	حبّة
powder	ðarūr (m)	ذرور
gauze bandage	ḍammāda (f)	ضمّادة
cotton wool	quṭn (m)	قطن
iodine	yūd (m)	يود
plaster	blāstir (m)	بلاستر
eyedropper	māṣṣat al bastara (f)	ماصّة البسترة
thermometer	tirmūmitr (m)	ترمومتر
syringe	miḥqana (f)	محقنة
wheelchair	kursiy mutaḥarrik (m)	كرسيّ متحرّك
crutches	'ukkāzān (du)	عكّازان
painkiller	musakkin (m)	مسكّن
laxative	mulayyin (m)	ملين

spirits (ethanol)	iθanūl (m)	إيثانول
medicinal herbs	a'ʃāb ṭibbiyya (pl)	أعشاب طبية
herbal (~ tea)	'uʃbiy	عشبي

HUMAN HABITAT

City

53. City. Life in the city

city, town	madīna (f)	مدينة
capital city	'āṣima (f)	عاصمة
village	qarya (f)	قرية
city map	xarīṭat al madīna (f)	خريطة المدينة
city centre	markaz al madīna (m)	مركز المدينة
suburb	ḍāḥiya (f)	ضاحية
suburban (adj)	aḍ ḍawāḥi	الضواحي
outskirts	aṭrāf al madīna (pl)	أطراف المدينة
environs (suburbs)	ḍawāḥi al madīna (pl)	ضواحي المدينة
city block	ḥayy (m)	حي
residential block (area)	ḥayy sakaniy (m)	حي سكني
traffic	ḥarakat al murūr (f)	حركة المرور
traffic lights	iʃārāt al murūr (pl)	إشارات المرور
public transport	wasā'il an naql (pl)	وسائل النقل
crossroads	taqāṭu' (m)	تقاطع
zebra crossing	ma'bar al muʃāt (m)	معبر المشاة
pedestrian subway	nafaq muʃāt (m)	نفق مشاة
to cross (~ the street)	'abar	عبر
pedestrian	māʃi (m)	ماش
pavement	raṣīf (m)	رصيف
bridge	ʒisr (m)	جسر
embankment (river walk)	kurnīʃ (m)	كورنيش
fountain	nāfūra (f)	نافورة
allée (garden walkway)	mamʃa (m)	ممشى
park	ḥadīqa (f)	حديقة
boulevard	bulvār (m)	بولفار
square	maydān (m)	ميدان
avenue (wide street)	ʃāri' (m)	شارع
street	ʃāri' (m)	شارع
side street	zuqāq (m)	زقاق
dead end	ṭarīq masdūd (m)	طريق مسدود
house	bayt (m)	بيت
building	mabna (m)	مبنى
skyscraper	nāṭiḥat saḥāb (f)	ناطحة سحاب
facade	wāʒiha (f)	واجهة
roof	saqf (m)	سقف

window	ʃubbāk (m)	شبّاك
arch	qaws (m)	قوس
column	ʿamūd (m)	عمود
corner	zāwiya (f)	زاوية
shop window	vatrīna (f)	فترينة
signboard (store sign, etc.)	lāfita (f)	لافتة
poster	mulṣaq (m)	ملصق
advertising poster	mulṣaq iʿlāniy (m)	ملصق إعلاني
hoarding	lawḥat iʿlānāt (f)	لوحة إعلانات
rubbish	zubāla (f)	زبالة
rubbish bin	ṣundūq zubāla (m)	صندوق زبالة
to litter (vi)	rama zubāla	رمى زبالة
rubbish dump	mazbala (f)	مزبلة
telephone box	kuʃk tilifūn (m)	كشك تليفون
lamppost	ʿamūd al miṣbāḥ (m)	عمود المصباح
bench (park ~)	dikka (f), kursiy (m)	دكّة، كرسي
police officer	ʃurṭiy (m)	شرطيّ
police	ʃurṭa (f)	شرطة
beggar	ʃaḥḥāð (m)	شحّاذ
homeless (n)	mutaʃarrid (m)	متشرّد

54. Urban institutions

shop	maḥall (m)	محلّ
chemist, pharmacy	ṣaydaliyya (f)	صيدليّة
optician (spectacles shop)	al adawāt al baṣariyya (pl)	الأدوات البصريّة
shopping centre	markaz tiʒāriy (m)	مركز تجاري
supermarket	subirmarkit (m)	سوبرماركت
bakery	maxbaz (m)	مخبز
baker	xabbāz (m)	خبّاز
cake shop	dukkān ḥalawāniy (m)	دكّان حلواني
grocery shop	baqqāla (f)	بقّالة
butcher shop	malḥama (f)	ملحمة
greengrocer	dukkān xuḍār (m)	دكّان خضار
market	sūq (f)	سوق
coffee bar	kafé (m), maqha (m)	كافيه، مقهى
restaurant	maṭʿam (m)	مطعم
pub, bar	ḥāna (f)	حانة
pizzeria	maṭʿam pizza (m)	مطعم بيتزا
hairdresser	ṣālūn ḥilāqa (m)	صالون حلاقة
post office	maktab al barīd (m)	مكتب البريد
dry cleaners	tanẓīf ʒāff (m)	تنظيف جافّ
photo studio	istūdiyu taṣwīr (m)	إستوديو تصوير
shoe shop	maḥall aḥðiya (m)	محلّ أحذية
bookshop	maḥall kutub (m)	محلّ كتب

sports shop	maḥall riyāḍiy (m)	محلّ رياضيّ
clothes repair shop	maḥall xiyāṭat malābis (m)	محلّ خياطة ملابس
formal wear hire	maḥall ta'ʒīr malābis rasmiyya (m)	محلّ تأجير ملابس رسمية
video rental shop	maḥal ta'ʒīr vidiyu (m)	محلّ تأجير فيديو
circus	sirk (m)	سيرك
zoo	ḥadīqat al ḥayawān (f)	حديقة حيوان
cinema	sinima (f)	سينما
museum	matḥaf (m)	متحف
library	maktaba (f)	مكتبة
theatre	masraḥ (m)	مسرح
opera (opera house)	ubra (f)	أوبرا
nightclub	malha layliy (m)	ملهى ليليّ
casino	kazinu (m)	كازينو
mosque	masʒid (m)	مسجد
synagogue	kanīs ma'bad yahūdiy (m)	كنيس معبد يهوديّ
cathedral	katidrā'iyya (f)	كاتدرائيّة
temple	ma'bad (m)	معبد
church	kanīsa (f)	كنيسة
college	kulliyya (m)	كليّة
university	ʒāmi'a (f)	جامعة
school	madrasa (f)	مدرسة
prefecture	muqāṭa'a (f)	مقاطعة
town hall	baladiyya (f)	بلديّة
hotel	funduq (m)	فندق
bank	bank (m)	بنك
embassy	safāra (f)	سفارة
travel agency	ʃarikat siyāḥa (f)	شركة سياحة
information office	maktab al isti'lāmāt (m)	مكتب الإستعلامات
currency exchange	ṣarrāfa (f)	صرّافة
underground, tube	mitru (m)	مترو
hospital	mustaʃfa (f)	مستشفى
petrol station	maḥaṭṭat banzīn (f)	محطّة بنزين
car park	mawqif as sayyārāt (m)	موقف السيّارات

55. Signs

signboard (store sign, etc.)	lāfita (f)	لافتة
notice (door sign, etc.)	bayān (m)	بيان
poster	mulṣaq i'lāniy (m)	ملصق إعلانيّ
direction sign	'alāmat ittiʒāh (f)	علامة إتجاه
arrow (sign)	'alāmat iʃāra (f)	علامة إشارة
caution	taḥðīr (m)	تحذير
warning sign	lāfitat taḥðīr (f)	لافتة تحذير
to warn (vt)	ḥaððar	حذّر

rest day (weekly ~)	yawm ʻuṭla (m)	يوم عطلة
timetable (schedule)	ʒadwal (m)	جدول
opening hours	awqāt al ʻamal (pl)	أوقات العمل
WELCOME!	ahlan wa sahlan!	أهلًا وسهلًا
ENTRANCE	duχūl	دخول
WAY OUT	χurūʒ	خروج
PUSH	idfaʻ	إدفع
PULL	isḥab	إسحب
OPEN	maftūḥ	مفتوح
CLOSED	muɣlaq	مغلق
WOMEN	lis sayyidāt	للسيدات
MEN	lir riʒāl	للرجال
DISCOUNTS	χaṣm	خصم
SALE	taχfīḍāt	تخفيضات
NEW!	ʒadīd!	جديد!
FREE	maʒʒānan	مجّانًا
ATTENTION!	intibāh!	إنتباه!
NO VACANCIES	kull al amākin maḥʒūza	كل الأماكن محجوزة
RESERVED	maḥʒūz	محجوز
ADMINISTRATION	idāra	إدارة
STAFF ONLY	lil ʻāmilīn faqaṭ	للعاملين فقط
BEWARE OF THE DOG!	iḥðar wuʒūd al kalb	إحذر وجود الكلب
NO SMOKING	mamnūʻ at tadχīn	ممنوع التدخين
DO NOT TOUCH!	ʻadam al lams	عدم اللمس
DANGEROUS	χaṭīr	خطير
DANGER	χaṭar	خطر
HIGH VOLTAGE	tayyār ʻāli	تيّار عالي
NO SWIMMING!	as sibāḥa mamnūʻa	السباحة ممنوعة
OUT OF ORDER	muʻaṭṭal	معطّل
FLAMMABLE	sarīʻ al iʃtiʻāl	سريع الإشتعال
FORBIDDEN	mamnūʻ	ممنوع
NO TRESPASSING!	mamnūʻ al murūr	ممنوع المرور
WET PAINT	iḥðar ṭilāʼ ɣayr ʒāff	إحذر طلاء غير جاف

56. Urban transport

bus, coach	bāṣ (m)	باص
tram	trām (m)	ترام
trolleybus	truli bāṣ (m)	ترولي باص
route (of bus, etc.)	χaṭṭ (m)	خط
number (e.g. bus ~)	raqm (m)	رقم
to go by ...	rakib ...	ركب...
to get on (~ the bus)	rakib	ركب
to get off ...	nazil min	نزل من

stop (e.g. bus ~)	mawqif (m)	موقف
next stop	al maḥaṭṭa al qādima (f)	المحطّة القادمة
terminus	āxir maḥaṭṭa (f)	آخر محطّة
timetable	ʒadwal (m)	جدول
to wait (vt)	intaẓar	إنتظر
ticket	taðkira (f)	تذكرة
fare	uʒra (f)	أجرة
cashier (ticket seller)	ṣarrāf (m)	صرّاف
ticket inspection	taftīʃ taðkira (m)	تفتيش تذكرة
ticket inspector	mufattiʃ taðākir (m)	مفتّش تذاكر
to be late (for ...)	ta'axxar	تأخّر
to miss (~ the train, etc.)	ta'axxar	تأخّر
to be in a hurry	istaʿʒal	إستعجل
taxi, cab	taksi (m)	تاكسي
taxi driver	sā'iq taksi (m)	سائق تاكسي
by taxi	bit taksi	بالتاكسي
taxi rank	mawqif taksi (m)	موقف تاكسي
to call a taxi	kallam tāksi	كلّم تاكسي
to take a taxi	axað taksi	أخذ تاكسي
traffic	ḥarakat al murūr (f)	حركة المرور
traffic jam	zaḥmat al murūr (f)	زحمة المرور
rush hour	sāʿat að ðurwa (f)	ساعة الذروة
to park (vi)	awqaf	أوقف
to park (vt)	awqaf	أوقف
car park	mawqif as sayyārāt (m)	موقف السيارات
underground, tube	mitru (m)	مترو
station	maḥaṭṭa (f)	محطّة
to take the tube	rakib al mitru	ركب المترو
train	qiṭār (m)	قطار
train station	maḥaṭṭat qiṭār (f)	محطّة قطار

57. Sightseeing

monument	timθāl (m)	تمثال
fortress	qalʿa (f), ḥiṣn (m)	قلعة، حصن
palace	qaṣr (m)	قصر
castle	qalʿa (f)	قلعة
tower	burʒ (m)	برج
mausoleum	ḍarīḥ (m)	ضريح
architecture	handasa miʿmāriyya (f)	هندسة معماريّة
medieval (adj)	min al qurūn al wusṭa	من القرون الوسطى
ancient (adj)	qadīm	قديم
national (adj)	waṭaniy	وطنيّ
famous (monument, etc.)	maʃhūr	مشهور
tourist	sā'iḥ (m)	سائح
guide (person)	murʃid (m)	مرشد

excursion, sightseeing tour	ӡawla (f)	جولة
to show (vt)	'araḍ	عرض
to tell (vt)	ḥaddaθ	حدّث
to find (vt)	waӡad	وجد
to get lost (lose one's way)	ḍā'	ضاع
map (e.g. underground ~)	xarīṭa (f)	خريطة
map (e.g. city ~)	xarīṭa (f)	خريطة
souvenir, gift	tiðkār (m)	تذكار
gift shop	maḥall hadāya (m)	محلّ هدايا
to take pictures	ṣawwar	صوّر
to have one's picture taken	taṣawwar	تصوّر

58. Shopping

to buy (purchase)	iʃtara	إشترى
shopping	ʃay' (m)	شيء
to go shopping	iʃtara	إشترى
shopping	ʃubinɣ (m)	شوبينغ
to be open (ab. shop)	maftūḥ	مفتوح
to be closed	muɣlaq	مغلق
footwear, shoes	aḥðiya (pl)	أحذية
clothes, clothing	malābis (pl)	ملابس
cosmetics	mawādd at taӡmīl (pl)	موادّ التجميل
food products	ma'kūlāt (pl)	مأكولات
gift, present	hadiyya (f)	هدية
shop assistant (masc.)	bā'i' (m)	بائع
shop assistant (fem.)	bā'i'a (f)	بائعة
cash desk	ṣundū' ad daf' (m)	صندوق الدفع
mirror	mir'āt (f)	مرآة
counter (shop ~)	minḍada (f)	منضدة
fitting room	ɣurfat al qiyās (f)	غرفة القياس
to try on	ӡarrab	جرّب
to fit (ab. dress, etc.)	nāsab	ناسب
to fancy (vt)	a'ӡab	أعجب
price	si'r (m)	سعر
price tag	tikit as si'r (m)	تيكت السعر
to cost (vt)	kallaf	كلّف
How much?	bikam?	بكم؟
discount	xaṣm (m)	خصم
inexpensive (adj)	ɣayr ɣāli	غير غال
cheap (adj)	raxīṣ	رخيص
expensive (adj)	ɣāli	غال
It's expensive	haða ɣāli	هذا غال
hire (n)	isti'ӡār (m)	إستئجار
to hire (~ a dinner jacket)	ista'ӡar	إستأجر

credit (trade credit)	i'timān (m)	إئتمان
on credit (adv)	bid dayn	بالدين

59. Money

money	nuqūd (pl)	نقود
currency exchange	taḥwīl 'umla (m)	تحويل عملة
exchange rate	si'r aṣ ṣarf (m)	سعر الصرف
cashpoint	ṣarrāf 'āliy (m)	صرّاف آليّ
coin	qiṭ'a naqdiyya (f)	قطعة نقديّة
dollar	dulār (m)	دولار
euro	yuru (m)	يورو
lira	lira iṭāliyya (f)	ليرة إيطالية
Deutschmark	mark almāniy (m)	مارك ألماني
franc	frank (m)	فرنك
pound sterling	ʒunayh istirlīniy (m)	جنيه استرليني
yen	yīn (m)	ين
debt	dayn (m)	دين
debtor	mudīn (m)	مدين
to lend (money)	sallaf	سلّف
to borrow (vi, vt)	istalaf	إستلف
bank	bank (m)	بنك
account	ḥisāb (m)	حساب
to deposit (vt)	awda'	أودع
to deposit into the account	awda' fil ḥisāb	أودع في الحساب
to withdraw (vt)	saḥab min al ḥisāb	سحب من الحساب
credit card	biṭāqat i'timān (f)	بطاقة إئتمان
cash	nuqūd (pl)	نقود
cheque	ʃīk (m)	شيك
to write a cheque	katab ʃīk	كتب شيكًا
chequebook	daftar ʃīkāt (m)	دفتر شيكات
wallet	maḥfaẓat ʒīb (f)	محفظة جيب
purse	maḥfaẓat fakka (f)	محفظة فكّة
safe	xizāna (f)	خزانة
heir	wāris (m)	وارث
inheritance	wirāθa (f)	وراثة
fortune (wealth)	θarwa (f)	ثروة
lease	'īʒār (m)	إيجار
rent (money)	uʒrat as sakan (f)	أجرة السكن
to rent (sth from sb)	ista'ʒar	إستأجر
price	si'r (m)	سعر
cost	θaman (m)	ثمن
sum	mablaɣ (m)	مبلغ
to spend (vt)	ṣaraf	صرف
expenses	maṣārīf (pl)	مصاريف

to economize (vi, vt)	waffar	وفّر
economical	muwaffir	موفّر
to pay (vi, vt)	dafaʻ	دفع
payment	dafʻ (m)	دفع
change (give the ~)	al bāqi (m)	الباقي
tax	ḍarība (f)	ضريبة
fine	γarāma (f)	غرامة
to fine (vt)	faraḍ γarāma	فرض غرامة

60. Post. Postal service

post office	maktab al barīd (m)	مكتب البريد
post (letters, etc.)	al barīd (m)	البريد
postman	sāʻi al barīd (m)	ساعي البريد
opening hours	awqāt al ʻamal (pl)	أوقات العمل
letter	risāla (f)	رسالة
registered letter	risāla musaʒʒala (f)	رسالة مسجّلة
postcard	biṭāqa barīdiyya (f)	بطاقة بريديّة
telegram	barqiyya (f)	برقيّة
parcel	ṭard (m)	طرد
money transfer	ḥawāla māliyya (f)	حوالة ماليّة
to receive (vt)	istalam	إستلم
to send (vt)	arsal	أرسل
sending	irsāl (m)	إرسال
address	ʻunwān (m)	عنوان
postcode	raqm al barīd (m)	رقم البريد
sender	mursil (m)	مرسل
receiver	mursal ilayh (m)	مرسل إليه
name (first name)	ism (m)	إسم
surname (last name)	ism al ʻāʼila (m)	إسم العائلة
postage rate	taʻrīfa (f)	تعريفة
standard (adj)	ʻādiy	عاديَ
economical (adj)	muwaffir	موفّر
weight	wazn (m)	وزن
to weigh (~ letters)	wazan	وزن
envelope	ẓarf (m)	ظرف
postage stamp	ṭābiʻ (m)	طابع
to stamp an envelope	alṣaq ṭābiʻ	ألصق طابعا

Dwelling. House. Home

61. House. Electricity

electricity	kahrabā' (m)	كهرباء
light bulb	lamba (f)	لمبة
switch	miftāḥ (m)	مفتاح
fuse (plug fuse)	fāṣima (f)	فاصمة
cable, wire (electric ~)	silk (m)	سلك
wiring	aslāk (pl)	أسلاك
electricity meter	'addād (m)	عدّاد
readings	qirā'a (f)	قراءة

62. Villa. Mansion

country house	bayt rīfiy (m)	بيت ريفيّ
country-villa	villa (f)	فيلا
wing (~ of a building)	ʒanāḥ (m)	جناح
garden	ḥadīqa (f)	حديقة
park	ḥadīqa (f)	حديقة
tropical glasshouse	daffi'a (f)	دفيئة
to look after (garden, etc.)	ihtamm	إهتمّ
swimming pool	masbaḥ (m)	مسبح
gym (home gym)	qā'at at tamrīnāt (f)	قاعة التمرينات
tennis court	mal'ab tinis (m)	ملعب تنس
home theater (room)	sinima manziliyya (f)	سينما منزليّة
garage	qarāʒ (m)	جراج
private property	milkiyya χāṣṣa (f)	ملكيّة خاصّة
private land	arḍ χāṣṣa (f)	أرض خاصّة
warning (caution)	taḥðīr (m)	تحذير
warning sign	lāfitat taḥðīr (f)	لافتة تحذير
security	ḥirāsa (f)	حراسة
security guard	ḥāris amn (m)	حارس أمن
burglar alarm	ʒihāð inðār (m)	جهاز انذار

63. Flat

flat	ʃaqqa (f)	شقّة
room	γurfa (f)	غرفة
bedroom	γurfat an nawm (f)	غرفة النوم

dining room	ɣurfat il akl (f)	غرفة الأكل
living room	ṣālat al istiqbāl (f)	صالة الإستقبال
study (home office)	maktab (m)	مكتب
entry room	madχal (m)	مدخل
bathroom	ḥammām (m)	حمّام
water closet	ḥammām (m)	حمّام
ceiling	saqf (m)	سقف
floor	arḍ (f)	أرض
corner	zāwiya (f)	زاوية

64. Furniture. Interior

furniture	aθāθ (m)	أثاث
table	maktab (m)	مكتب
chair	kursiy (m)	كرسيّ
bed	sarīr (m)	سرير
sofa, settee	kanaba (f)	كنبة
armchair	kursiy (m)	كرسيّ
bookcase	χizānat kutub (f)	خزانة كتب
shelf	raff (m)	رفّ
wardrobe	dūlāb (m)	دولاب
coat rack (wall-mounted ~)	ʃammāʻa (f)	شمّاعة
coat stand	ʃammāʻa (f)	شمّاعة
chest of drawers	dulāb adrāʒ (m)	دولاب أدراج
coffee table	ṭāwilat al qahwa (f)	طاولة القهوة
mirror	mirʼāt (f)	مرآة
carpet	siʒāda (f)	سجادة
small carpet	siʒāda (f)	سجادة
fireplace	midfaʼa ḥāʼiṭiyya (f)	مدفأة حائطيّة
candle	ʃamʻa (f)	شمعة
candlestick	ʃamʻadān (m)	شمعدان
drapes	satāʼir (pl)	ستائر
wallpaper	waraq ḥīṭān (m)	ورق حيطان
blinds (jalousie)	haṣīrat ʃubbāk (f)	حصيرة شبّاك
table lamp	miṣbāḥ aṭ ṭāwila (m)	مصباح الطاولة
wall lamp (sconce)	miṣbāḥ al ḥāʼiṭ (m)	مصباح الحائط
standard lamp	miṣbāḥ arḍiy (m)	مصباح أرضيّ
chandelier	naʒafa (f)	نجفة
leg (of chair, table)	riʒl (f)	رجل
armrest	masnad (m)	مسند
back (backrest)	masnad (m)	مسند
drawer	durʒ (m)	درج

65. Bedding

bedclothes	bayāḍāt as sarīr (pl)	بياضات السرير
pillow	wisāda (f)	وسادة
pillowslip	kīs al wisāda (m)	كيس الوسادة
duvet	baṭṭāniyya (f)	بطّانيّة
sheet	milāya (f)	ملاية
bedspread	ɣiṭā' as sarīr (m)	غطاء السرير

66. Kitchen

kitchen	matbax (m)	مطبخ
gas	ɣāz (m)	غاز
gas cooker	butuɣāz (m)	بوتوغاز
electric cooker	furn kaharabā'iy (m)	فرن كهربائيّ
oven	furn (m)	فرن
microwave oven	furn al mikruwayv (m)	فرن الميكرووييف
refrigerator	θallāʒa (f)	ثلاجة
freezer	frīzir (m)	فريزير
dishwasher	ɣassāla (f)	غسّالة
mincer	farrāmat laḥm (f)	فرّامة لحم
juicer	'aṣṣāra (f)	عصّارة
toaster	maḥmaṣat xubz (f)	محمصة خبز
mixer	xallāṭ (m)	خلّاط
coffee machine	mākinat ṣan' al qahwa (f)	ماكينة صنع القهوة
coffee pot	kanaka (f)	كنكة
coffee grinder	maṭḥanat qahwa (f)	مطحنة قهوة
kettle	barrād (m)	برّاد
teapot	barrād aʃ ʃāy (m)	برّاد الشاي
lid	ɣiṭā' (m)	غطاء
tea strainer	miṣfāt (f)	مصفاة
spoon	mil'aqa (f)	ملعقة
teaspoon	mil'aqat ʃāy (f)	ملعقة شاي
soup spoon	mil'aqa kabīra (f)	ملعقة كبيرة
fork	ʃawka (f)	شوكة
knife	sikkīn (m)	سكّين
tableware (dishes)	ṣuḥūn (pl)	صحون
plate (dinner ~)	ṭabaq (m)	طبق
saucer	ṭabaq finʒān (m)	طبق فنجان
shot glass	ka's (f)	كأس
glass (tumbler)	kubbāya (f)	كبّاية
cup	finʒān (m)	فنجان
sugar bowl	sukkariyya (f)	سكّريّة
salt cellar	mamlaḥa (f)	مملحة
pepper pot	mabhara (f)	مبهرة

butter dish	ṣuhn zubda (m)	صحن زبدة
stock pot (soup pot)	kassirūlla (f)	كاسرولة
frying pan (skillet)	ṭāsa (f)	طاسة
ladle	miɣrafa (f)	مغرفة
colander	miṣfāt (f)	مصفاة
tray (serving ~)	ṣīniyya (f)	صينيّة
bottle	zuʒāʒa (f)	زجاجة
jar (glass)	barṭamān (m)	برطمان
tin (can)	tanaka (f)	تنكة
bottle opener	fattāḥa (f)	فتّاحة
tin opener	fattāḥa (f)	فتّاحة
corkscrew	barrīma (f)	بريمة
filter	filtir (m)	فلتر
to filter (vt)	ṣaffa	صفّى
waste (food ~, etc.)	zubāla (f)	زبالة
waste bin (kitchen ~)	ṣundūq az zubāla (m)	صندوق الزبالة

67. Bathroom

bathroom	ḥammām (m)	حمّام
water	mā' (m)	ماء
tap	ḥanafiyya (f)	حنفيّة
hot water	mā' sāxin (m)	ماء ساخن
cold water	mā' bārid (m)	ماء بارد
toothpaste	ma'ʒūn asnān (m)	معجون أسنان
to clean one's teeth	nazẓaf al asnān	نظّف الأسنان
toothbrush	furʃat asnān (f)	فرشة أسنان
to shave (vi)	ḥalaq	حلق
shaving foam	raɣwa lil ḥilāqa (f)	رغوة للحلاقة
razor	mūs ḥilāqa (m)	موس حلاقة
to wash (one's hands, etc.)	ɣasal	غسل
to have a bath	istaḥamm	إستحمّ
shower	dūʃ (m)	دوش
to have a shower	axað ad duʃ	أخذ الدش
bath	ḥawḍ istiḥmām (m)	حوض استحمام
toilet (toilet bowl)	mirḥāḍ (m)	مرحاض
sink (washbasin)	ḥawḍ (m)	حوض
soap	ṣābūn (m)	صابون
soap dish	ṣabbāna (f)	صبّانة
sponge	līfa (f)	ليفة
shampoo	ʃāmbū (m)	شامبو
towel	fūṭa (f)	فوطة
bathrobe	θawb ḥammām (m)	ثوب حمّام
laundry (process)	ɣasīl (m)	غسيل
washing machine	ɣassāla (f)	غسّالة

to do the laundry	ɣasal al malābis	غسل الملابس
washing powder	mashūq ɣasīl (m)	مسحوق غسيل

68. Household appliances

TV, telly	tilivizyūn (m)	تليفزيون
tape recorder	ʒihāz tasʒīl (m)	جهاز تسجيل
video	ʒihāz tasʒīl vidiyu (m)	جهاز تسجيل فيديو
radio	ʒihāz radiyu (m)	جهاز راديو
player (CD, MP3, etc.)	blayir (m)	بلیر
video projector	ʿāriḍ vidiyu (m)	عارض فيديو
home cinema	sinima manziliyya (f)	سينما منزليّة
DVD player	di vi di (m)	دي في دي
amplifier	mukabbir aṣ ṣawt (m)	مكبّر الصوت
video game console	ʾatāri (m)	أتاري
video camera	kamira vidiyu (f)	كاميرا فيديو
camera (photo)	kamira (f)	كاميرا
digital camera	kamira diʒital (f)	كاميرا ديجيتال
vacuum cleaner	miknasa kahrabāʾiyya (f)	مكنسة كهربائيّة
iron (e.g. steam ~)	makwāt (f)	مكواة
ironing board	lawḥat kayy (f)	لوحة كيّ
telephone	hātif (m)	هاتف
mobile phone	hātif maḥmūl (m)	هاتف محمول
typewriter	ʾāla katiba (f)	آلة كاتبة
sewing machine	ʾālat al xiyāṭa (f)	آلة الخياطة
microphone	mikrufūn (m)	ميكروفون
headphones	sammāʿāt raʾsiya (pl)	سمّاعات رأسيّة
remote control (TV)	rimuwt kuntrūl (m)	ريموت كنترول
CD, compact disc	si di (m)	سي دي
cassette, tape	ʃarīṭ (m)	شريط
vinyl record	usṭuwāna (f)	أسطوانة

Job. Business. Part 1

69. Office. Working in the office

office (company ~)	maktab (m)	مكتب
office (of director, etc.)	maktab (m)	مكتب
reception desk	istiqbāl (m)	إستقبال
secretary	sikirtīr (m)	سكرتير
director	mudīr (m)	مدير
manager	mudīr (m)	مدير
accountant	muḥāsib (m)	محاسب
employee	muwaẓẓaf (m)	موظّف
furniture	aθāθ (m)	أثاث
desk	maktab (m)	مكتب
desk chair	kursiy (m)	كرسيّ
drawer unit	waḥdat adrāʒ (f)	وحدة أدراج
coat stand	ʃammāʿa (f)	شمّاعة
computer	kumbyūtir (m)	كمبيوتر
printer	ṭābiʿa (f)	طابعة
fax machine	faks (m)	فاكس
photocopier	ʾālat nasx (f)	آلة نسخ
paper	waraq (m)	ورق
office supplies	adawāt al kitāba (pl)	أدوات الكتابة
mouse mat	wisādat faʾra (f)	وسادة فأرة
sheet of paper	waraqa (f)	ورقة
binder	malaff (m)	ملفّ
catalogue	fihris (m)	فهرس
phone directory	dalīl at tilifūn (m)	دليل التيفون
documentation	waθāʾiq (pl)	وثائق
brochure (e.g. 12 pages ~)	naʃra (f)	نشرة
leaflet (promotional ~)	manʃūr (m)	منشور
sample	namūðaʒ (m)	نموذج
training meeting	iʒtimāʿ tadrīb (m)	إجتماع تدريب
meeting (of managers)	iʒtimāʿ (m)	إجتماع
lunch time	fatrat al ɣadāʾ (f)	فترة الغذاء
to make a copy	ṣawwar	صوّر
to make multiple copies	ṣawwar	صوّر
to receive a fax	istalam faks	إستلم فاكس
to send a fax	arsal faks	أرسل فاكس
to call (by phone)	ittaṣal	إتّصل
to answer (vt)	radd	ردّ
to put through	waṣṣal	وصّل

to arrange, to set up	ḥaddad	حدّد
to demonstrate (vt)	ʻaraḍ	عرض
to be absent	ɣāb	غاب
absence	ɣiyāb (m)	غياب

70. Business processes. Part 1

occupation	ʃuɣl (m)	شغل
firm	ʃarika (f)	شركة
company	ʃarika (f)	شركة
corporation	muʼassasa tiʒāriyya (f)	مؤسسة تجارية
enterprise	ʃarika (f)	شركة
agency	wikāla (f)	وكالة

agreement (contract)	ittifāqiyya (f)	إتفاقيّة
contract	ʻaqd (m)	عقد
deal	ṣafqa (f)	صفقة
order (to place an ~)	ṭalab (m)	طلب
terms (of the contract)	ʃarṭ (m)	شرط

wholesale (adv)	bil ʒumla	بالجملة
wholesale (adj)	al ʒumla	الجملة
wholesale (n)	bayʻ bil ʒumla (m)	بيع بالجملة
retail (adj)	at taʒziʼa	التجزئة
retail (n)	bayʻ bit taʒziʼa (m)	بيع بالتجزئة

competitor	munāfis (m)	منافس
competition	munāfasa (f)	منافسة
to compete (vi)	nāfas	نافس

| partner (associate) | ʃarīk (m) | شريك |
| partnership | ʃirāka (f) | شراكة |

crisis	azma (f)	أزمة
bankruptcy	iflās (m)	إفلاس
to go bankrupt	aflas	أفلس
difficulty	ṣuʻūba (f)	صعوبة
problem	muʃkila (f)	مشكلة
catastrophe	kāriθa (f)	كارثة

economy	iqtiṣād (m)	إقتصاد
economic (~ growth)	iqtiṣādiy	إقتصاديّ
economic recession	rukūd iqtiṣādiy (m)	ركود إقتصاديّ

| goal (aim) | hadaf (m) | هدف |
| task | muhimma (f) | مهمّة |

to trade (vi)	tāʒir	تاجر
network (distribution ~)	ʃabaka (f)	شبكة
inventory (stock)	al maxzūn (m)	المخزون
range (assortment)	taʃkīla (f)	تشكيلة

| leader (leading company) | qāʼid (m) | قائد |
| large (~ company) | kabīr | كبير |

monopoly	iḥtikār (m)	إحتكار
theory	naẓariyya (f)	نظريّة
practice	mumārasa (f)	ممارسة
experience (in my ~)	xibra (f)	خبرة
trend (tendency)	ittiʒāh (m)	إتجاه
development	tanmiya (f)	تنمية

71. Business processes. Part 2

profit (foregone ~)	ribḥ (m)	ربح
profitable (~ deal)	murbiḥ	مربح
delegation (group)	wafd (m)	وفد
salary	murattab (m)	مرتّب
to correct (an error)	ṣaḥḥaḥ	صحّح
business trip	riḥlat ʿamal (f)	رحلة عمل
commission	laʒna (f)	لجنة
to control (vt)	taḥakkam	تحكّم
conference	muʾtamar (m)	مؤتمر
licence	ruxṣa (f)	رخصة
reliable (~ partner)	mawθūq	موثوق
initiative (undertaking)	mubādara (f)	مبادرة
norm (standard)	miʿyār (m)	معيار
circumstance	ẓarf (m)	ظرف
duty (of employee)	wāʒib (m)	واجب
organization (company)	munaẓẓama (f)	منظّمة
organization (process)	tanẓīm (m)	تنظيم
organized (adj)	munaẓẓam	منظّم
cancellation	ilɣāʾ (m)	إلغاء
to cancel (call off)	alɣa	ألغى
report (official ~)	taqrīr (m)	تقرير
patent	baraʾat al ixtirāʿ (f)	براءة الإختراع
to patent (obtain patent)	saʒʒal baraʾat al ixtirāʿ	سجّل براءة الإختراع
to plan (vt)	xaṭṭaṭ	خطّط
bonus (money)	ʿilāwa (f)	علاوة
professional (adj)	mihaniy	مهنيّ
procedure	iʒrāʾ (m)	إجراء
to examine (contract, etc.)	baḥaθ	بحث
calculation	ḥisāb (m)	حساب
reputation	sumʿa (f)	سمعة
risk	muxāṭara (f)	مخاطرة
to manage, to run	adār	أدار
information	maʿlūmāt (pl)	معلومات
property	milkiyya (f)	ملكيّة
union	ittiḥād (m)	إتّحاد
life insurance	taʾmīn ʿalal ḥayāt (m)	تأمين على الحياة
to insure (vt)	amman	أمّن

insurance	ta'mīn (m)	تأمين
auction (~ sale)	mazād (m)	مزاد
to notify (inform)	ablaɣ	أبلغ
management (process)	idāra (f)	إدارة
service (~ industry)	xidma (f)	خدمة
forum	nadwa (f)	ندوة
to function (vi)	adda waẓīfa	أدى وظيفته
stage (phase)	marḥala (f)	مرحلة
legal (~ services)	qānūniy	قانوني
lawyer (legal advisor)	muḥāmi (m)	محام

72. Production. Works

plant	maṣnaʿ (m)	مصنع
factory	maṣnaʿ (m)	مصنع
workshop	warʃa (f)	ورشة
works, production site	maṣnaʿ (m)	مصنع
industry (manufacturing)	ṣināʿa (f)	صناعة
industrial (adj)	ṣināʿiy	صناعي
heavy industry	ṣināʿa θaqīla (f)	صناعة ثقيلة
light industry	ṣināʿa xafīfa (f)	صناعة خفيفة
products	muntaʒāt (pl)	منتجات
to produce (vt)	antaʒ	أنتج
raw materials	mawādd xām (pl)	مواد خام
foreman (construction ~)	raʾīs al ʿummāl (m)	رئيس العمّال
workers team (crew)	farīq al ʿummāl (m)	فريق العمّال
worker	ʿāmil (m)	عامل
working day	yawm ʿamal (m)	يوم عمل
pause (rest break)	rāḥa (f)	راحة
meeting	iʒtimāʿ (m)	إجتماع
to discuss (vt)	nāqaʃ	ناقش
plan	xiṭṭa (f)	خطّة
to fulfil the plan	naffað al xuṭṭa	نفّذ الخطّة
rate of output	muʿaddal al intāʒ (m)	معدّل الإنتاج
quality	ʒawda (f)	جودة
control (checking)	taftīʃ (m)	تفتيش
quality control	ḍabṭ al ʒawda (m)	ضبط الجودة
workplace safety	salāmat makān al ʿamal (f)	سلامة مكان العمل
discipline	inḍibāṭ (m)	إنضباط
violation (of safety rules, etc.)	muxālafa (f)	مخالفة
to violate (rules)	xālaf	خالف
strike	iḍrāb (m)	إضراب
striker	muḍrib (m)	مضرب
to be on strike	aḍrab	أضرب
trade union	ittiḥād al ʿummāl (m)	إتّحاد العمّال
to invent (machine, etc.)	ixtaraʿ	إخترع

invention	ixtirā' (m)	إختراع
research	baḥθ (m)	بحث
to improve (make better)	ḥassan	حسّن
technology	tiknulūʒiya (f)	تكنولوجيا
technical drawing	rasm taqniy (m)	رسم تقنيّ
load, cargo	ʃaḥn (m)	شحن
loader (person)	ḥammāl (m)	حمّال
to load (vehicle, etc.)	ʃaḥan	شحن
loading (process)	taḥmīl (m)	تحميل
to unload (vi, vt)	afraɣ	أفرغ
unloading	ifrāɣ (m)	إفراغ
transport	wasā'il an naql (pl)	وسائل النقل
transport company	ʃarikat naql (f)	شركة نقل
to transport (vt)	naqal	نقل
wagon	'arabat ʃaḥn (f)	عربة شحن
tank (e.g., oil ~)	xazzān (m)	خزّان
lorry	ʃāḥina (f)	شاحنة
machine tool	mākina (f)	ماكنة
mechanism	'āliyya (f)	آليّة
industrial waste	muxallafāt ṣinā'iyya (pl)	مخلفات صناعية
packing (process)	ta'bi'a (f)	تعبئة
to pack (vt)	'abba'	عبّأ

73. Contract. Agreement

contract	'aqd (m)	عقد
agreement	ittifāq (m)	إتفاق
addendum	mulḥaq (m)	ملحق
to sign a contract	waqqa' 'ala 'aqd	وقّع على عقد
signature	tawqī' (m)	توقيع
to sign (vt)	waqqa'	وقّع
seal (stamp)	xatm (m)	ختم
subject of contract	mawḍū' al 'aqd (m)	موضوع العقد
clause	band (m)	بند
parties (in contract)	aṭrāf (pl)	أطراف
legal address	'unwān qānūniy (m)	عنوان قانوني
to violate the contract	xālaf al 'aqd	خالف العقد
commitment (obligation)	iltizām (m)	إلتزام
responsibility	mas'ūliyya (f)	مسؤوليّة
force majeure	quwwa qāhira (m)	قوّة قاهرة
dispute	xilāf (m)	خلاف
penalties	'uqūbāt (pl)	عقوبات

74. Import & Export

import	istīrād (m)	إستيراد
importer	mustawrid (m)	مستورد
to import (vt)	istawrad	إستورد
import (as adj.)	wārid	وارد
export (exportation)	taṣdīr (m)	تصدير
exporter	muṣaddir (m)	مصدّر
to export (vi, vt)	ṣaddar	صدّر
export (as adj.)	ṣādir	صادر
goods (merchandise)	baḍā'i' (pl)	بضائع
consignment, lot	ʃaḥna (f)	شحنة
weight	wazn (m)	وزن
volume	ḥaʒm (m)	حجم
cubic metre	mitr muka"ab (m)	متر مكعّب
manufacturer	aʃʃarika al muṣni'a (f)	الشركة المصنعة
transport company	ʃarikat naql (f)	شركة نقل
container	ḥāwiya (f)	حاوية
border	ḥadd (m)	حدّ
customs	ʒamārik (pl)	جمارك
customs duty	rasm ʒumrukiy (m)	رسم جمركيّ
customs officer	muwaẓẓaf al ʒamārik (m)	موظّف الجمارك
smuggling	tahrīb (m)	تهريب
contraband (smuggled goods)	biḍā'a muharraba (pl)	بضاعة مهرّبة

75. Finances

share, stock	sahm (m)	سهم
bond (certificate)	sanad (m)	سند
promissory note	kimbyāla (f)	كمبيالة
stock exchange	būrṣa (f)	بورصة
stock price	si'r as sahm (m)	سعر السهم
to go down (become cheaper)	raxuṣ	رخص
to go up (become more expensive)	ɣala	غلى
share	naṣīb (m)	نصيب
controlling interest	al maʒmū'a al musayṭara (f)	المجموعة المسيطرة
investment	istiθmār (pl)	إستثمار
to invest (vt)	istaθmar	إستثمر
percent	bil mi'a (m)	بالمئة
interest (on investment)	fa'ida (f)	فائدة
profit	ribḥ (m)	ربح
profitable (adj)	murbiḥ	مربح

tax	ḍarība (f)	ضريبة
currency (foreign ~)	'umla (f)	عملة
national (adj)	waṭaniy	وطنيّ
exchange (currency ~)	taḥwīl (m)	تحويل
accountant	muḥāsib (m)	محاسب
accounting	maḥasaba (f)	محاسبة
bankruptcy	iflās (m)	إفلاس
collapse, ruin	inhiyār (m)	إنهيار
ruin	iflās (m)	إفلاس
to be ruined (financially)	aflas	أفلس
inflation	taḍaxxum māliy (m)	تضخّم ماليّ
devaluation	taxfīḍ qīmat 'umla (m)	تخفيض قيمة عملة
capital	ra's māl (m)	رأس مال
income	daxl (m)	دخل
turnover	dawrat ra's al māl (f)	دورة رأس المال
resources	mawārid (pl)	موارد
monetary resources	al mawārid an naqdiyya (pl)	الموارد النقديّة
overheads	nafaqāt 'āmma (pl)	نفقات عامّة
to reduce (expenses)	xaffaḍ	خفض

76. Marketing

marketing	taswīq (m)	تسويق
market	sūq (f)	سوق
market segment	qaṭā' as sūq (m)	قطاع السوق
product	muntaʒ (m)	منتج
goods (merchandise)	baḍā'i' (pl)	بضائع
brand	mārka (f)	ماركة
trademark	mārka tiʒāriyya (f)	ماركة تجاريّة
logotype	ʃi'ār (m)	شعار
logo	ʃi'ār (m)	شعار
demand	ṭalab (m)	طلب
supply	maxzūn (m)	مخزون
need	ḥāʒa (f)	حاجة
consumer	mustahlik (m)	مستهلك
analysis	taḥlīl (m)	تحليل
to analyse (vt)	ḥallal	حلّل
positioning	waḍ' (m)	وضع
to position (vt)	waḍa'	وضع
price	si'r (m)	سعر
pricing policy	siyāsat al as'ār (f)	سياسة الأسعار
price formation	taʃkīl al as'ār (m)	تشكيل الأسعار

77. Advertising

advertising	i'lān (m)	إعلان
to advertise (vt)	a'lan	أعلن

budget	mīzāniyya (f)	ميزانيّة
ad, advertisement	i'lān (m)	إعلان
TV advertising	i'lān fit tiliviziyūn (m)	إعلان في التليفزيون
radio advertising	i'lān fir rādiyu (m)	إعلان في الراديو
outdoor advertising	i'lān ẓāhiriy (m)	إعلان ظاهري
mass medias	wasā'il al i'lām (pl)	وسائل الإعلام
periodical (n)	ṣaḥifa dawriyya (f)	صحيفة دوريّة
image (public appearance)	imiʒ (m)	إيميج
slogan	ʃi'ār (m)	شعار
motto (maxim)	ʃi'ār (m)	شعار
campaign	ḥamla (f)	حملة
advertising campaign	ḥamla i'lāniyya (f)	حملة إعلانيّة
target group	maʒmū'a mustahdafa (f)	مجموعة مستهدفة
business card	biṭāqat al 'amal (f)	بطاقة العمل
leaflet (promotional ~)	manʃūr (m)	منشور
brochure (e.g. 12 pages ~)	naʃra (f)	نشرة
pamphlet	kutayyib (m)	كتيّب
newsletter	naʃra iχbāriyya (f)	نشرة إخبارية
signboard (store sign, etc.)	lāfita (f)	لافتة
poster	mulṣaq i'lāniy (m)	ملصق إعلاني
hoarding	lawḥat i'lānāt (f)	لوحة إعلانات

78. Banking

bank	bank (m)	بنك
branch (of bank, etc.)	far' (m)	فرع
consultant	muwaẓẓaf bank (m)	موظّف بنك
manager (director)	mudīr (m)	مدير
bank account	ḥisāb (m)	حساب
account number	raqm al ḥisāb (m)	رقم الحساب
current account	ḥisāb ʒāri (m)	حساب جار
deposit account	ḥisāb tawfīr (m)	حساب توفير
to open an account	fataḥ ḥisāb	فتح حسابا
to close the account	aɣlaq ḥisāb	أغلق حسابا
to deposit into the account	awda' fil ḥisāb	أودع في الحساب
to withdraw (vt)	saḥab min al ḥisāb	سحب من الحساب
deposit	wadī'a (f)	وديعة
to make a deposit	awda'	أودع
wire transfer	ḥawāla (f)	حوالة
to wire, to transfer	ḥawwal	حوّل
sum	mablaɣ (m)	مبلغ
How much?	kam?	كم؟
signature	tawqī' (m)	توقيع
to sign (vt)	waqqa'	وقّع

credit card	biṭāqat i'timān (f)	بطاقة ائتمان
code (PIN code)	kūd (m)	كود
credit card number	raqm biṭāqat i'timān (m)	رقم بطاقة إئتمان
cashpoint	ṣarrāf 'āliy (m)	صرّاف آليّ
cheque	ʃīk (m)	شيك
to write a cheque	katab ʃīk	كتب شيكًا
chequebook	daftar ʃīkāt (m)	دفتر شيكات
loan (bank ~)	qarḍ (m)	قرض
to apply for a loan	qaddam ṭalab lil ḥuṣūl 'ala qarḍ	قدّم طلبا للحصول على قرض
to get a loan	ḥaṣal 'ala qarḍ	حصل على قرض
to give a loan	qaddam qarḍ	قدّم قرضا
guarantee	ḍamān (m)	ضمان

79. Telephone. Phone conversation

telephone	hātif (m)	هاتف
mobile phone	hātif maḥmūl (m)	هاتف محمول
answerphone	muʒīb al hātif (m)	مجيب الهاتف
to call (by phone)	ittaṣal	إتّصل
call, ring	mukālama tilifuniyya (f)	مكالمة تليفونية
to dial a number	ittaṣal bi raqm	إتّصل برقم
Hello!	alu!	ألو!
to ask (vt)	sa'al	سأل
to answer (vi, vt)	radd	ردّ
to hear (vt)	sami'	سمع
well (adv)	ʒayyidan	جيّدا
not well (adv)	sayyi'an	سيّئًا
noises (interference)	taʃwīʃ (m)	تشويش
receiver	sammā'a (f)	سمّاعة
to pick up (~ the phone)	rafa' as sammā'a	رفع السمّاعة
to hang up (~ the phone)	qafal as sammā'a	قفل السمّاعة
busy (engaged)	maʃɣūl	مشغول
to ring (ab. phone)	rann	رنّ
telephone book	dalīl at tilifūn (m)	دليل التليفون
local (adj)	maḥalliyya	محلّيّة
local call	mukālama hātifiyya maḥalliyya (f)	مكالمة هاتفيّة محلّيّة
trunk (e.g. ~ call)	ba'īd al mada	بعيد المدى
trunk call	mukālama ba'īdat al mada (f)	مكالمة بعيدة المدى
international (adj)	duwaliy	دوليّ
international call	mukālama duwaliyya (f)	مكالمة دوليّة

80. Mobile telephone

mobile phone	hātif maḥmūl (m)	هاتف محمول
display	ʒihāz ʽarḍ (m)	جهاز عرض
button	zirr (m)	زر
SIM card	sim kart (m)	سيم كارت
battery	baṭṭāriyya (f)	بطارية
to be flat (battery)	xalaṣat	خلصت
charger	ʃāḥin (m)	شاحن
menu	qāʼima (f)	قائمة
settings	awḍāʽ (pl)	أوضاع
tune (melody)	naɣma (f)	نغمة
to select (vt)	ixtār	إختار
calculator	ʼāla ḥāsiba (f)	آلة حاسبة
voice mail	barīd ṣawtiy (m)	بريد صوتي
alarm clock	munabbih (m)	منبّه
contacts	ʒihāt al ittiṣāl (pl)	جهات الإتّصال
SMS (text message)	risāla qaṣīra ɛsɛmɛs (f)	sms رسالة قصيرة
subscriber	muʃtarik (m)	مشترك

81. Stationery

ballpoint pen	qalam ʒāf (m)	قلم جاف
fountain pen	qalam rīʃa (m)	قلم ريشة
pencil	qalam ruṣāṣ (m)	قلم رصاص
highlighter	markir (m)	ماركر
felt-tip pen	qalam xaṭṭāṭ (m)	قلم خطاط
notepad	muðakkira (f)	مذكّرة
diary	ʒadwal al aʽmāl (m)	جدول الأعمال
ruler	masṭara (f)	مسطرة
calculator	ʼāla ḥāsiba (f)	آلة حاسبة
rubber	astīka (f)	استيكة
drawing pin	dabbūs (m)	دبّوس
paper clip	dabbūs waraq (m)	دبّوس ورق
glue	ṣamɣ (m)	صمغ
stapler	dabbāsa (f)	دبّاسة
hole punch	xarrāma (f)	خرّامة
pencil sharpener	mibrāt (f)	مبراة

82. Kinds of business

accounting services	xidamāt muḥāsaba (pl)	خدمات محاسبة
advertising	iʽlān (m)	إعلان

T&P Books. Theme-based dictionary British English-Arabic - 5000 words

English	Transliteration	Arabic
advertising agency	wikālat i'lān (f)	وكالة إعلان
air-conditioners	takyīf (m)	تكييف
airline	ʃarikat ṭayarān (f)	شركة طيران
alcoholic beverages	maʃrūbāt kuḥūliyya (pl)	مشروبات كحوليّة
antiques (antique dealers)	tuḥaf (pl)	تحف
art gallery (contemporary ~)	ma'raḍ fanniy (m)	معرض فنّي
audit services	tadqīq al ḥisābāt (pl)	تدقيق الحسابات
banking industry	al qiṭā' al maṣrafiy (m)	القطاع المصرفي
beauty salon	ṣālūn taʒmīl (m)	صالون تجميل
bookshop	maḥall kutub (m)	محلّ كتب
brewery	maṣna' bīra (m)	مصنع بيرة
business centre	markaz tiʒāriy (m)	مركز تجاريّ
business school	kulliyyat idārat al a'māl (f)	كلّيّة إدارة الأعمال
casino	kazinu (m)	كازينو
chemist, pharmacy	ṣaydaliyya (f)	صيدليّة
cinema	sinima (f)	سينما
construction	binā' (m)	بناء
consulting	istiʃāra (f)	إستشارة
dental clinic	'iyādat asnān (f)	عيادة أسنان
design	taṣmīm (m)	تصميم
dry cleaners	tanẓīf ʒāff (m)	تنظيف جافّ
employment agency	wikālat tawẓīf (f)	وكالة توظيف
financial services	xidamāt māliyya (pl)	خدمات ماليّة
food products	mawādd ɣiðā'iyya (pl)	موادّ غذائيّة
furniture (e.g. house ~)	aθāθ (m)	أثاث
clothing, garment	malābis (pl)	ملابس
hotel	funduq (m)	فندق
ice-cream	muθallaʒāt (pl)	مثلّجات
industry (manufacturing)	ṣinā'a (f)	صناعة
insurance	ta'mīn (m)	تأمين
Internet	intirnit (m)	إنترنت
investments (finance)	istiθmārāt (pl)	إستثمارات
jeweller	ṣā'iɣ (m)	صائغ
jewellery	muʒawharāt (pl)	مجوهرات
laundry (shop)	maɣsala (f)	مغسلة
legal adviser	xidamāt qānūniyya (pl)	خدمات قانونيّة
light industry	ṣinā'a xafīfa (f)	صناعة خفيفة
magazine	maʒalla (f)	مجلّة
mail-order selling	bay' bil barīd (m)	بيع بالبريد
medicine	ṭibb (m)	طبّ
museum	matḥaf (m)	متحف
news agency	wikālat anbā' (f)	وكالة أنباء
newspaper	ʒarīda (f)	جريدة
nightclub	malha layliy (m)	ملهى ليليّ
oil (petroleum)	nafṭ (m)	نفط
courier services	xidamāt aʃ ʃaḥn (pl)	خدمات الشحن

pharmaceutics	ṣaydala (f)	صيدلة
printing (industry)	ṭibāʻa (f)	طباعة
pub	bār (m)	بار
publishing house	dār aṭ ṭibāʻa wan naʃr (f)	دار الطباعة والنشر
radio (~ station)	iðāʻa (f)	إذاعة
real estate	ʻiqārāt (pl)	عقارات
restaurant	maṭʻam (m)	مطعم
security company	ʃarikat amn (f)	شركة أمن
shop	maḥall (m)	محلّ
sport	riyāḍa (f)	رياضة
stock exchange	būrṣa (f)	بورصة
supermarket	subirmarkit (m)	سوبرماركت
swimming pool (public ~)	masbaḥ (m)	مسبح
tailor shop	ṣālūn (m)	صالون
television	tilivizyūn (m)	تليفزيون
theatre	masraḥ (m)	مسرح
trade (commerce)	tiʒāra (f)	تجارة
transport companies	wasāʼil an naql (pl)	وسائل النقل
travel	siyāḥa (f)	سياحة
undertakers	bayt al ʒanāzāt (m)	بيت الجنازات
veterinary surgeon	ṭabīb bayṭariy (m)	طبيب بيطريّ
warehouse	mustawdaʻ (m)	مستودع
waste collection	ʒamʻ an nufāyāt (m)	جمع النفايات

HUMAN ACTIVITIES

Job. Business. Part 2

83. Show. Exhibition

exhibition, show	ma'raḍ (m)	معرض
trade show	ma'raḍ tiʒāriy (m)	معرض تجاريّ
participation	iʃtirāk (m)	إشتراك
to participate (vi)	iʃtarak	إشترك
participant (exhibitor)	muʃtarik (m)	مشترك
director	mudīr (m)	مدير
organizers' office	maktab al munaẓẓimīn (m)	مكتب المنظّمين
organizer	munaẓẓim (m)	منظّم
to organize (vt)	naẓẓam	نظّم
participation form	istimārat al iʃtirāk (f)	إستمارة الإشتراك
to fill in (vt)	mala'	ملأ
details	tafāṣīl (pl)	تفاصيل
information	isti'lāmāt (pl)	إستعلامات
price (cost, rate)	si'r (m)	سعر
including	bima fīh	بما فيه
to include (vt)	taḍamman	تضمّن
to pay (vi, vt)	dafa'	دفع
registration fee	rusūm at tasʒīl (pl)	رسوم التسجيل
entrance	madχal (m)	مدخل
pavilion, hall	ʒanāḥ (m)	جناح
to register (vt)	saʒʒal	سجّل
badge (identity tag)	ʃāra (f)	شارة
stand	kuʃk (m)	كشك
to reserve, to book	ḥaʒaz	حجز
display case	vatrīna (f)	فترينة
spotlight	miṣbāḥ (m)	مصباح
design	taṣmīm (m)	تصميم
to place (put, set)	waḍa'	وضع
distributor	muwazzi' (m)	موزّع
supplier	muwarrid (m)	مورّد
country	balad (m)	بلد
foreign (adj)	aʒnabiy	أجنبيّ
product	muntaʒ (m)	منتج
association	ʒam'iyya (f)	جمعيّة

conference hall	qāʻat al muʻtamarāt (f)	قاعة المؤتمرات
congress	muʻtamar (m)	مؤتمر
contest (competition)	musābaqa (f)	مسابقة
visitor (attendee)	zāʼir (m)	زائر
to visit (attend)	ḥaḍar	حضر
customer	zubūn (m)	زبون

84. Science. Research. Scientists

science	ʻilm (m)	علم
scientific (adj)	ʻilmiy	علميّ
scientist	ʻālim (m)	عالم
theory	naẓariyya (f)	نظرية
axiom	badīhiyya (f)	بديهيّة
analysis	taḥlīl (m)	تحليل
to analyse (vt)	ḥallal	حلل
argument (strong ~)	burhān (m)	برهان
substance (matter)	mādda (f)	مادّة
hypothesis	farḍiyya (f)	فرضيّة
dilemma	muʻḍila (f)	معضلة
dissertation	risāla ʻilmiyya (f)	رسالة علميّة
dogma	ʻaqīda (f)	عقيدة
doctrine	maðhab (m)	مذهب
research	baḥθ (m)	بحث
to research (vt)	baḥaθ	بحث
tests (laboratory ~)	iχtibārāt (pl)	إختبارات
laboratory	muχtabar (m)	مختبر
method	manhaʒ (m)	منهج
molecule	ʒuzayʼ (m)	جزيء
monitoring	riqāba (f)	رقابة
discovery (act, event)	iktiʃāf (m)	إكتشاف
postulate	musallama (f)	مسلّمة
principle	mabdaʼ (m)	مبدأ
forecast	tanabbuʼ (m)	تنبّؤ
to forecast (vt)	tanabbaʼ	تنبأ
synthesis	tarkīb (m)	تركيب
trend (tendency)	ittiʒāh (m)	إتّجاه
theorem	naẓariyya (f)	نظريّة
teachings	taʻālīm (pl)	تعاليم
fact	ḥaqīqa (f)	حقيقة
expedition	baʻθa (f)	بعثة
experiment	taʒriba (f)	تجربة
academician	akadīmiy (m)	أكاديميّ
bachelor (e.g. ~ of Arts)	bakalūriyūs (m)	بكالوريوس
doctor (PhD)	duktūr (m)	دكتور

Associate Professor	ustāð muʃārik (m)	أستاذ مشارك
Master (e.g. ~ of Arts)	maʒistīr (m)	ماجستير
professor	brufissūr (m)	بروفيسور

Professions and occupations

85. Job search. Dismissal

job	'amal (m)	عمل
staff (work force)	kawādir (pl)	كوادر
personnel	ṭāqim al 'āmilīn (m)	طاقم العاملين
career	masār mihniy (m)	مسار مهنيّ
prospects (chances)	'āfāq (pl)	آفاق
skills (mastery)	mahārāt (pl)	مهارات
selection (screening)	ixtiyār (m)	إختيار
employment agency	wikālat tawẓīf (f)	وكالة توظيف
curriculum vitae, CV	sīra ðātiyya (f)	سيرة ذاتيّة
job interview	mu'ābalat 'amal (f)	مقابلة عمل
vacancy	waẓīfa xāliya (f)	وظيفة خالية
salary, pay	murattab (m)	مرتّب
fixed salary	rātib θābit (m)	راتب ثابت
pay, compensation	uʒra (f)	أجرة
position (job)	manṣib (m)	منصب
duty (of employee)	wāʒib (m)	واجب
range of duties	maʒmū'a min al wāʒibāt (f)	مجموعة من الواجبات
busy (I'm ~)	maʃɣūl	مشغول
to fire (dismiss)	aqāl	أقال
dismissal	iqāla (f)	إقالة
unemployment	biṭāla (f)	بطالة
unemployed (n)	'āṭil (m)	عاطل
retirement	ma'āʃ (m)	معاش
to retire (from job)	uḥīl 'alal ma'āʃ	أحيل على المعاش

86. Business people

director	mudīr (m)	مدير
manager (director)	mudīr (m)	مدير
boss	mudīr (m), ra'īs (m)	مدير، رئيس
superior	ra'īs (m)	رئيس
superiors	ru'asā' (pl)	رؤساء
president	ra'īs (m)	رئيس
chairman	ra'īs (m)	رئيس
deputy (substitute)	nā'ib (m)	نائب
assistant	musā'id (m)	مساعد

| secretary | sikirtīr (m) | سكرتير |
| personal assistant | sikritīr χāṣṣ (m) | سكرتير خاصّ |

businessman	raʒul aʿmāl (m)	رجل أعمال
entrepreneur	rāʾid aʿmāl (m)	رائد أعمال
founder	muʾassis (m)	مؤسِّس
to found (vt)	assas	أسَّس

founding member	muʾassis (m)	مؤسِّس
partner	ʃarīk (m)	شريك
shareholder	musāhim (m)	مساهم

millionaire	milyunīr (m)	مليونير
billionaire	milyardīr (m)	ملياردير
owner, proprietor	ṣāḥib (m)	صاحب
landowner	ṣāḥib al arḍ (m)	صاحب الأرض

client	ʿamīl (m)	عميل
regular client	ʿamīl dāʾim (m)	عميل دائم
buyer (customer)	muʃtari (m)	مشتر
visitor	zāʾir (m)	زائر

professional (n)	muḥtarif (m)	محترف
expert	χabīr (m)	خبير
specialist	mutaχaṣṣiṣ (m)	متخصِّص

| banker | ṣāḥib maṣraf (m) | صاحب مصرف |
| broker | simsār (m) | سمسار |

cashier	ṣarrāf (m)	صرّاف
accountant	muḥāsib (m)	محاسب
security guard	ḥāris amn (m)	حارس أمن

investor	mustaθmir (m)	مستثمر
debtor	mudīn (m)	مدين
creditor	dāʾin (m)	دائن
borrower	muqtariḍ (m)	مقترض

| importer | mustawrid (m) | مستورد |
| exporter | muṣaddir (m) | مصدِّر |

manufacturer	aʃ ʃarika al muṣniʿa (f)	الشركة المصنعة
distributor	muwazziʿ (m)	موزِّع
middleman	wasīṭ (m)	وسيط

consultant	mustaʃār (m)	مستشار
sales representative	mandūb mabiʿāt (m)	مندوب مبيعات
agent	wakīl (m)	وكيل
insurance agent	wakīl at taʾmīn (m)	وكيل التأمين

87. Service professions

| cook | ṭabbāχ (m) | طبّاخ |
| chef (kitchen chef) | ʃāf (m) | شاف |

baker	xabbāz (m)	خبّاز
barman	bārman (m)	بارمان
waiter	nādil (m)	نادل
waitress	nādila (f)	نادلة
lawyer, barrister	muḥāmi (m)	محام
lawyer (legal expert)	muḥāmi (m)	محام
notary	muwaθθaq (m)	موثّق
electrician	kahrabā'iy (m)	كهربائيّ
plumber	sabbāk (m)	سبّاك
carpenter	naʒʒār (m)	نجّار
masseur	mudallik (m)	مدلّك
masseuse	mudallika (f)	مدلّكة
doctor	ṭabīb (m)	طبيب
taxi driver	sā'iq taksi (m)	سائق تاكسي
driver	sā'iq (m)	سائق
delivery man	sā'i (m)	ساع
chambermaid	'āmilat tanẓīf ɣuraf (f)	عاملة تنظيف غرف
security guard	ḥāris amn (m)	حارس أمن
flight attendant (fem.)	muḍīfat ṭayarān (f)	مضيفة طيران
schoolteacher	mudarris madrasa (m)	مدرّس مدرسة
librarian	amīn maktaba (m)	أمين مكتبة
translator	mutarʒim (m)	مترجم
interpreter	mutarʒim fawriy (m)	مترجم فوريّ
guide	murʃid (m)	مرشد
hairdresser	ḥallāq (m)	حلّاق
postman	sā'i al barīd (m)	ساعي البريد
salesman (store staff)	bā'i' (m)	بائع
gardener	bustāniy (m)	بستانيّ
domestic servant	xādim (m)	خادم
maid (female servant)	xādima (f)	خادمة
cleaner (cleaning lady)	'āmilat tanẓīf (f)	عاملة تنظيف

88. Military professions and ranks

private	ʒundiy (m)	جنديّ
sergeant	raqīb (m)	رقيب
lieutenant	mulāzim (m)	ملازم
captain	naqīb (m)	نقيب
major	rā'id (m)	رائد
colonel	'aqīd (m)	عقيد
general	ʒinirāl (m)	جنرال
marshal	mārʃāl (m)	مارشال
admiral	amirāl (m)	أميرال
military (n)	'askariy (m)	عسكريّ
soldier	ʒundiy (m)	جنديّ

| officer | ḍābiṭ (m) | ضابط |
| commander | qā'id (m) | قائد |

border guard	ḥāris ḥudūd (m)	حارس حدود
radio operator	'āmil lāsilkiy (m)	عامل لاسلكيّ
scout (searcher)	mustakʃif (m)	مستكشف
pioneer (sapper)	muhandis 'askariy (m)	مهندس عسكريّ
marksman	rāmi (m)	رام
navigator	mallāḥ (m)	ملّاح

89. Officials. Priests

| king | malik (m) | ملك |
| queen | malika (f) | ملكة |

| prince | amīr (m) | أمير |
| princess | amīra (f) | أميرة |

| czar | qayṣar (m) | قيصر |
| czarina | qayṣara (f) | قيصرة |

president	raʔīs (m)	رئيس
Secretary (minister)	wazīr (m)	وزير
prime minister	raʔīs wuzarā' (m)	رئيس وزراء
senator	'uḍw maʒlis aʃ ʃuyūχ (m)	عضو مجلس الشيوخ

diplomat	diblumāsiy (m)	دبلوماسيّ
consul	qunṣul (m)	قنصل
ambassador	safīr (m)	سفير
counsillor (diplomatic officer)	mustaʃār (m)	مستشار

official, functionary (civil servant)	muwaẓẓaf (m)	موظف
prefect	raʔīs idārat al ḥayy (m)	رئيس إدارة الحيّ
mayor	raʔīs al baladiyya (m)	رئيس البلديّة

| judge | qāḍi (m) | قاض |
| prosecutor | mudda'i (m) | مدّع |

missionary	mubaʃʃir (m)	مبشّر
monk	rāhib (m)	راهب
abbot	raʔīs ad dayr (m)	رئيس الدير
rabbi	ḥāχām (m)	حاخام

vizier	wazīr (m)	وزير
shah	ʃāh (m)	شاه
sheikh	ʃeyχ (m)	شيخ

90. Agricultural professions

| beekeeper | naḥḥāl (m) | نحّال |
| shepherd | rā'i (m) | راع |

agronomist	muhandis zirā'iy (m)	مهندس زراعيّ
cattle breeder	murabbi al mawāʃi (m)	مربّي المواشي
veterinary surgeon	ṭabīb bayṭariy (m)	طبيب بيطري
farmer	muzāri' (m)	مزارع
winemaker	ṣāni' an nabīð (m)	صانع النبيذ
zoologist	χabīr fi 'ilm al ḥayawān (m)	خبير في علم الحيوان
cowboy	rā'i al baqar (m)	راعي البقر

91. Art professions

actor	mumaθθil (m)	ممثّل
actress	mumaθθila (f)	ممثّلة
singer (masc.)	muɣanni (m)	مغنّ
singer (fem.)	muɣanniya (f)	مغنّية
dancer (masc.)	rāqiṣ (m)	راقص
dancer (fem.)	rāqiṣa (f)	راقصة
performer (masc.)	fannān (m)	فنّان
performer (fem.)	fannāna (f)	فنّانة
musician	'āzif (m)	عازف
pianist	'āzif biyānu (m)	عازف بيانو
guitar player	'āzif gitār (m)	عازف جيتار
conductor (orchestra ~)	qā'id urkistra (m)	قائد أركسترا
composer	mulaḥḥin (m)	ملحّن
impresario	mudīr firqa (m)	مدير فرقة
film director	muχriʒ (m)	مخرج
producer	muntiʒ (m)	منتج
scriptwriter	kātib sināriyu (m)	كاتب سيناريو
critic	nāqid (m)	ناقد
writer	kātib (m)	كاتب
poet	ʃā'ir (m)	شاعر
sculptor	naḥḥāt (m)	نحّات
artist (painter)	rassām (m)	رسّام
juggler	bahlawān (m)	بهلوان
clown	muharriʒ (m)	مهرج
acrobat	bahlawān (m)	بهلوان
magician	sāḥir (m)	ساحر

92. Various professions

doctor	ṭabīb (m)	طبيب
nurse	mumarriḍa (f)	ممرّضة
psychiatrist	ṭabīb nafsiy (m)	طبيب نفسيّ
dentist	ṭabīb al asnān (m)	طبيب الأسنان

surgeon	ʒarrāḥ (m)	جرّاح
astronaut	rā'id faḍā' (m)	رائد فضاء
astronomer	ʻālim falak (m)	عالم فلك
pilot	ṭayyār (m)	طيّار
driver (of taxi, etc.)	sā'iq (m)	سائق
train driver	sā'iq (m)	سائق
mechanic	mikanīkiy (m)	ميكانيكيّ
miner	ʻāmil manʒam (m)	عامل منجم
worker	ʻāmil (m)	عامل
locksmith	qaffāl (m)	قفّال
joiner (carpenter)	naʒʒār (m)	نجّار
turner (lathe machine operator)	χarrāṭ (m)	خرّاط
building worker	ʻāmil binā' (m)	عامل بناء
welder	laḥḥām (m)	لحّام
professor (title)	brufissūr (m)	بروفيسور
architect	muhandis miʻmāriy (m)	مهندس معماريّ
historian	mu'arriχ (m)	مؤرّخ
scientist	ʻālim (m)	عالم
physicist	fizyā'iy (m)	فيزيائيّ
chemist (scientist)	kimyā'iy (m)	كيميائيّ
archaeologist	ʻālim 'āθār (m)	عالم آثار
geologist	ʒiulūʒiy (m)	جيولوجيّ
researcher (scientist)	bāḥiθ (m)	باحث
babysitter	murabbiyat aṭfāl (f)	مربّية الأطفال
teacher, educator	muʻallim (m)	معلّم
editor	muḥarrir (m)	محرّر
editor-in-chief	ra'īs taḥrīr (m)	رئيس تحرير
correspondent	murāsil (m)	مراسل
typist (fem.)	kātiba ʻalal 'āla al kātiba (f)	كاتبة على الآلة الكاتبة
designer	muṣammim (m)	مصمّم
computer expert	mutaχaṣṣiṣ bil kumbyūtir (m)	متخصّص بالكمبيوتر
programmer	mubarmiʒ (m)	مبرمج
engineer (designer)	muhandis (m)	مهندس
sailor	baḥḥār (m)	بحّار
seaman	baḥḥār (m)	بحّار
rescuer	munqið (m)	منقذ
firefighter	raʒul iṭfā' (m)	رجل إطفاء
police officer	ʃurṭiy (m)	شرطيّ
watchman	ḥāris (m)	حارس
detective	muḥaqqiq (m)	محقّق
customs officer	muwaẓẓaf al ʒamārik (m)	موظّف الجمارك
bodyguard	ḥāris ʃaχṣiy (m)	حارس شخصيّ
prison officer	ḥāris siʒn (m)	حارس سجن
inspector	mufattiʃ (m)	مفتّش
sportsman	riyāḍiy (m)	رياضيّ

trainer, coach	mudarrib (m)	مدرّب
butcher	ʒazzār (m)	جزّار
cobbler (shoe repairer)	iskāfiy (m)	إسكافيّ
merchant	tāʒir (m)	تاجر
loader (person)	ḥammāl (m)	حمّال
fashion designer	muṣammim azyā' (m)	مصمّم أزياء
model (fem.)	mudīl (f)	موديل

93. Occupations. Social status

schoolboy	tilmīð (m)	تلميذ
student (college ~)	ṭālib (m)	طالب
philosopher	faylasūf (m)	فيلسوف
economist	iqtiṣādiy (m)	إقتصاديّ
inventor	muxtariʿ (m)	مخترع
unemployed (n)	ʿāṭil (m)	عاطل
pensioner	mutaqāʿid (m)	متقاعد
spy, secret agent	ʒāsūs (m)	جاسوس
prisoner	saʒīn (m)	سجين
striker	muḍrib (m)	مضرب
bureaucrat	buruqrāṭiy (m)	بيروقراطيّ
traveller (globetrotter)	raḥḥāla (m)	رحّالة
gay, homosexual (n)	miθliy ʒinsiyyan (m)	مثليّ جنسيًا
hacker	hākir (m)	هاكر
hippie	hippi (m)	هيبي
bandit	qāṭiʿ ṭarīq (m)	قاطع طريق
hit man, killer	qātil ma'ʒūr (m)	قاتل مأجور
drug addict	mudmin muxaddirāt (m)	مدمن مخدّرات
drug dealer	tāʒir muxaddirāt (m)	تاجر مخدّرات
prostitute (fem.)	ʿāhira (f)	عاهرة
pimp	qawwād (m)	قوّاد
sorcerer	sāḥir (m)	ساحر
sorceress (evil ~)	sāḥira (f)	ساحرة
pirate	qurṣān (m)	قرصان
slave	ʿabd (m)	عبد
samurai	samurāy (m)	ساموراي
savage (primitive)	mutawaḥḥiʃ (m)	متوحّش

Education

94. School

English	Transliteration	Arabic
school	madrasa (f)	مدرسة
headmaster	mudīr madrasa (m)	مدير مدرسة
pupil (boy)	tilmīð (m)	تلميذ
pupil (girl)	tilmīða (f)	تلميذة
schoolboy	tilmīð (m)	تلميذ
schoolgirl	tilmīða (f)	تلميذة
to teach (sb)	'allam	علّم
to learn (language, etc.)	ta'allam	تعلّم
to learn by heart	ḥafaẓ	حفظ
to learn (~ to count, etc.)	ta'allam	تعلّم
to be at school	daras	درس
to go to school	ðahab ilal madrasa	ذهب إلى المدرسة
alphabet	alifbā' (m)	الفباء
subject (at school)	mādda (f)	مادّة
classroom	faṣl (m)	فصل
lesson	dars (m)	درس
playtime, break	istirāḥa (f)	إستراحة
school bell	ʒaras al madrasa (m)	جرس المدرسة
school desk	taxta lil madrasa (m)	تخته للمدرسة
blackboard	sabbūra (f)	سبّورة
mark	daraʒa (f)	درجة
good mark	daraʒa ʒayyida (f)	درجة جيّدة
bad mark	daraʒa ɣayr ʒayyida (f)	درجة غير جيّدة
to give a mark	a'ṭa daraʒa	أعطى درجة
mistake, error	xaṭa' (m)	خطأ
to make mistakes	axṭa'	أخطأ
to correct (an error)	ṣaḥḥaḥ	صحّح
crib	waraqat ɣaʃʃ (f)	ورقة غشّ
homework	wāʒib manziliy (m)	واجب منزليّ
exercise (in education)	tamrīn (m)	تمرين
to be present	ḥaḍar	حضر
to be absent	ɣāb	غاب
to miss school	taɣayyab 'an al madrasa	تغيّب عن المدرسة
to punish (vt)	'āqab	عاقب
punishment	'uqūba (f), 'iqāb (m)	عقوبة، عقاب
conduct (behaviour)	sulūk (m)	سلوك

school report	at taqrīr al madrasiy (m)	التقرير المدرسيّ
pencil	qalam ruṣāṣ (m)	قلم رصاص
rubber	astīka (f)	استيكة
chalk	ṭabāʃīr (m)	طباشير
pencil case	maqlama (f)	مقلمة
schoolbag	ʃanṭat al madrasa (f)	شنطة المدرسة
pen	qalam (m)	قلم
exercise book	daftar (m)	دفتر
textbook	kitāb taʿlīm (m)	كتاب تعليم
compasses	barʒal (m)	برجل
to make technical drawings	rasam rasm taqniy	رسم رسمًا تقنيًا
technical drawing	rasm taqniy (m)	رسم تقنيّ
poem	qaṣīda (f)	قصيدة
by heart (adv)	ʿan ẓahr qalb	عن ظهر قلب
to learn by heart	ḥafaẓ	حفظ
school holidays	ʿuṭla madrasiyya (f)	عطلة مدرسيّة
to be on holiday	ʿindahu ʿuṭla	عنده عطلة
to spend holidays	qaḍā al ʿuṭla	قضى العطلة
test (at school)	imtiḥān (m)	إمتحان
essay (composition)	inʃāʾ (m)	إنشاء
dictation	imlāʾ (m)	إملاء
exam (examination)	imtiḥān (m)	إمتحان
to do an exam	marr al imtiḥān	مرّ الإمتحان
experiment (e.g., chemistry ~)	taʒriba (f)	تجربة

95. College. University

academy	akadīmiyya (f)	أكاديميّة
university	ʒāmiʿa (f)	جامعة
faculty (e.g., ~ of Medicine)	kulliyya (f)	كلّيّة
student (masc.)	ṭālib (m)	طالب
student (fem.)	ṭāliba (f)	طالبة
lecturer (teacher)	muḥāḍir (m)	محاضر
lecture hall, room	mudarraʒ (m)	مدرّج
graduate	mutaxarriʒ (m)	متخرّج
diploma	diblūma (f)	دبلومة
dissertation	risāla ʿilmiyya (f)	رسالة علميّة
study (report)	dirāsa (f)	دراسة
laboratory	muxtabar (m)	مختبر
lecture	muḥāḍara (f)	محاضرة
coursemate	zamīl fiṣ ṣaff (m)	زميل في الصفّ
scholarship, bursary	minḥa dirāsiyya (f)	منحة دراسيّة
academic degree	daraʒa ʿilmiyya (f)	درجة علميّة

96. Sciences. Disciplines

mathematics	riyāḍīyyāt (pl)	رياضيّات
algebra	al ʒabr (m)	الجبر
geometry	handasa (f)	هندسة
astronomy	'ilm al falak (m)	علم الفلك
biology	'ilm al aḥyā' (m)	علم الأحياء
geography	ʒuɣrāfiya (f)	جغرافيا
geology	ʒiulūʒiya (f)	جيولوجيا
history	tarīχ (m)	تاريخ
medicine	ṭibb (m)	طبّ
pedagogy	'ilm at tarbiya (f)	علم التربية
law	qānūn (m)	قانون
physics	fizyā' (f)	فيزياء
chemistry	kimyā' (f)	كيمياء
philosophy	falsafa (f)	فلسفة
psychology	'ilm an nafs (m)	علم النفس

97. Writing system. Orthography

grammar	an naḥw waṣ ṣarf (m)	النحو والصرف
vocabulary	mufradāt al luɣa (pl)	مفردات اللغة
phonetics	ṣawtīyyāt (pl)	صوتيّات
noun	ism (m)	إسم
adjective	ṣifa (f)	صفة
verb	fi'l (m)	فعل
adverb	ẓarf (m)	ظرف
pronoun	ḍamīr (m)	ضمير
interjection	ḥarf nidā' (m)	حرف نداء
preposition	ḥarf al ʒarr (m)	حرف الجرّ
root	ʒiðr al kalima (m)	جذر الكلمة
ending	nihāya (f)	نهاية
prefix	sābiqa (f)	سابقة
syllable	maqta' lafẓiy (m)	مقطع لفظيّ
suffix	lāḥiqa (f)	لاحقة
stress mark	nabra (f)	نبرة
apostrophe	'alāmat ḥaðf (f)	علامة حذف
full stop	nuqṭa (f)	نقطة
comma	fāṣila (f)	فاصلة
semicolon	nuqṭa wa fāṣila (f)	نقطة وفاصلة
colon	nuqṭatān ra'siyyatān (du)	نقطتان رأسيتان
ellipsis	θalāθ nuqaṭ (pl)	ثلاث نقط
question mark	'alāmat istifhām (f)	علامة إستفهام
exclamation mark	'alāmat ta'aʒʒub (f)	علامة تعجّب

inverted commas	ʻalāmāt al iqtibās (pl)	علامات الإقتباس
in inverted commas	bayn ʻalāmatay al iqtibās	بين علامتي الإقتباس
parenthesis	qawsān (du)	قوسان
in parenthesis	bayn al qawsayn	بين القوسين
hyphen	ʻalāmat waṣl (f)	علامة وصل
dash	ʃurṭa (f)	شرطة
space (between words)	farāɣ (m)	فراغ
letter	ḥarf (m)	حرف
capital letter	ḥarf kabīr (m)	حرف كبير
vowel (n)	ḥarf ṣawtiy (m)	حرف صوتيّ
consonant (n)	ḥarf sākin (m)	حرف ساكن
sentence	ʒumla (f)	جملة
subject	fāʻil (m)	فاعل
predicate	musnad (m)	مسند
line	saṭr (m)	سطر
on a new line	min bidāyat as saṭr	من بداية السطر
paragraph	fiqra (f)	فقرة
word	kalima (f)	كلمة
group of words	maʒmūʻa min al kalimāt (pl)	مجموعة من الكلمات
expression	ʻibāra (f)	عبارة
synonym	murādif (m)	مرادف
antonym	mutaḍādd luɣawiy (m)	متضادّ
rule	qāʻida (f)	قاعدة
exception	istiθnāʼ (m)	إستثناء
correct (adj)	ṣaḥīḥ	صحيح
conjugation	ṣarf (m)	صرف
declension	taṣrīf al asmāʼ (m)	تصريف الأسماء
nominal case	ḥāla ismiyya (f)	حالة إسميّة
question	suʼāl (m)	سؤال
to underline (vt)	waḍaʻ xaṭṭ taḥt	وضع خطًّا تحت
dotted line	xaṭṭ munaqqaṭ (m)	خط منقّط

98. Foreign languages

language	luɣa (f)	لغة
foreign (adj)	aʒnabiy	أجنبيّ
foreign language	luɣa aʒnabiyya (f)	لغة أجنبيّة
to study (vt)	daras	درس
to learn (language, etc.)	taʻallam	تعلّم
to read (vi, vt)	qaraʼ	قرأ
to speak (vi, vt)	takallam	تكلّم
to understand (vt)	fahim	فهم
to write (vt)	katab	كتب
fast (adv)	bi surʻa	بسرعة
slowly (adv)	bi buṭʼ	ببطء

fluently (adv)	bi ṭalāqa	بطلاقة
rules	qawā'id (pl)	قواعد
grammar	an naḥw waṣ ṣarf (m)	النحو والصرف
vocabulary	mufradāt al luɣa (pl)	مفردات اللغة
phonetics	ṣawtīyyāt (pl)	صوتيّات
textbook	kitāb ta'līm (m)	كتاب تعليم
dictionary	qāmūs (m)	قاموس
teach-yourself book	kitāb ta'līm ðātiy (m)	كتاب تعليم ذاتيّ
phrasebook	kitāb lil 'ibārāt aʃ ʃā'i'a (m)	كتاب للعبارت الشائعة
cassette, tape	ʃarīṭ (m)	شريط
videotape	ʃarīʃt vidiyu (m)	شريط فيديو
CD, compact disc	si di (m)	سي دي
DVD	di vi di (m)	دي في دي
alphabet	alifbā' (m)	الفباء
to spell (vt)	tahaʒʒa	تهجّى
pronunciation	nuṭq (m)	نطق
accent	lukna (f)	لكنة
with an accent	bi lukna	بلكنة
without an accent	bi dūn lukna	بدون لكنة
word	kalima (f)	كلمة
meaning	ma'na (m)	معنى
course (e.g. a French ~)	dawra (f)	دورة
to sign up	saʒʒal ismahu	سجّل إسمه
teacher	mudarris (m)	مدرّس
translation (process)	tarʒama (f)	ترجمة
translation (text, etc.)	tarʒama (f)	ترجمة
translator	mutarʒim (m)	مترجم
interpreter	mutarʒim fawriy (m)	مترجم فوريّ
polyglot	'alīm bi 'iddat luɣāt (m)	عليم بعدّة لغات
memory	ðākira (f)	ذاكرة

Rest. Entertainment. Travel

99. Trip. Travel

tourism, travel	siyāḥa (f)	سياحة
tourist	sā'iḥ (m)	سائح
trip, voyage	riḥla (f)	رحلة
adventure	muɣāmara (f)	مغامرة
trip, journey	riḥla (f)	رحلة
holiday	'uṭla (f)	عطلة
to be on holiday	'indahu 'uṭla	عنده عطلة
rest	istirāḥa (f)	إستراحة
train	qiṭār (m)	قطار
by train	bil qiṭār	بالقطار
aeroplane	ṭā'ira (f)	طائرة
by aeroplane	biṭ ṭā'ira	بالطائرة
by car	bis sayyāra	بالسيّارة
by ship	bis safīna	بالسفينة
luggage	aʃʃunaṭ (pl)	الشنط
suitcase	ḥaqībat safar (f)	حقيبة سفر
luggage trolley	'arabat ʃunaṭ (f)	عربة شنط
passport	ʒawāz as safar (m)	جواز السفر
visa	ta'ʃīra (f)	تأشيرة
ticket	taðkira (f)	تذكرة
air ticket	taðkirat ṭā'ira (f)	تذكرة طائرة
guidebook	dalīl (m)	دليل
map (tourist ~)	xarīṭa (f)	خريطة
area (rural ~)	minṭaqa (f)	منطقة
place, site	makān (m)	مكان
exotica (n)	ɣarāba (f)	غرابة
exotic (adj)	ɣarīb	غريب
amazing (adj)	mudhiʃ	مدهش
group	maʒmū'a (f)	مجموعة
excursion, sightseeing tour	ʒawla (f)	جولة
guide (person)	murʃid (m)	مرشد

100. Hotel

hotel	funduq (m)	فندق
motel	mutīl (m)	موتيل
three-star (~ hotel)	θalāθat nuʒūm	ثلاثة نجوم

English	Transliteration	Arabic
five-star	χamsat nuʒūm	خمسة نجوم
to stay (in a hotel, etc.)	nazal	نزل
room	γurfa (f)	غرفة
single room	γurfa li ʃaχṣ wāḥid (f)	غرفة لشخص واحد
double room	γurfa li ʃaχṣayn (f)	غرفة لشخصين
to book a room	ḥaʒaz γurfa	حجز غرفة
half board	waʒbitān fil yawm (du)	وجبتان في اليوم
full board	θalāθ waʒabāt fil yawm	ثلاث وجبات في اليوم
with bath	bi ḥawḍ al istiḥmām	بحوض الإستحمام
with shower	bid duʃ	بالدوش
satellite television	tilivizyūn faḍā'iy (m)	تلفزيون فضائيّ
air-conditioner	takyīf (m)	تكييف
towel	fūṭa (f)	فوطة
key	miftāḥ (m)	مفتاح
administrator	mudīr (m)	مدير
chambermaid	'āmilat tanẓīf γuraf (f)	عاملة تنظيف غرف
porter	ḥammāl (m)	حمّال
doorman	bawwāb (m)	بوّاب
restaurant	maṭ'am (m)	مطعم
pub, bar	bār (m)	بار
breakfast	fuṭūr (m)	فطور
dinner	'aʃā' (m)	عشاء
buffet	bufīh (m)	بوفيه
lobby	radha (f)	ردهة
lift	miṣ'ad (m)	مصعد
DO NOT DISTURB	ar raʒā' 'adam al iz'āʒ	الرجاء عدم الإزعاج
NO SMOKING	mamnū' at tadχīn	ممنوع التدخين

Technical equipment

101. Computer

English	Transliteration	Arabic
computer	kumbyūtir (m)	كمبيوتر
notebook, laptop	kumbyūtir maḥmūl (m)	كمبيوتر محمول
to turn on	ʃayyal	شغّل
to turn off	aylaq	أغلق
keyboard	lawḥat al mafātīḥ (f)	لوحة المفاتيح
key	miftāḥ (m)	مفتاح
mouse	fa'ra (f)	فأرة
mouse mat	wisādat fa'ra (f)	وسادة فأرة
button	zirr (m)	زر
cursor	mu'aʃʃir (m)	مؤشر
monitor	ʃāʃa (f)	شاشة
screen	ʃāʃa (f)	شاشة
hard disk	qurṣ ṣalib (m)	قرص صلب
hard disk capacity	si'at taxzīn (f)	سعة تخزين
memory	ðākira (f)	ذاكرة
random access memory	ðākirat al wuṣūl al 'aʃwā'iy (f)	ذاكرة الوصول العشوائيّ
file	malaff (m)	ملفّ
folder	ḥāfiẓa (m)	حافظة
to open (vt)	fataḥ	فتح
to close (vt)	aylaq	أغلق
to save (vt)	ḥafaẓ	حفظ
to delete (vt)	masaḥ	مسح
to copy (vt)	nasax	نسخ
to sort (vt)	ṣannaf	صنّف
to transfer (copy)	naqal	نقل
programme	barnāmaʒ (m)	برنامج
software	barāmiʒ kumbyūtir (pl)	برامج كمبيوتر
programmer	mubarmiʒ (m)	مبرمج
to program (vt)	barmaʒ	برمج
hacker	hākir (m)	هاكر
password	kalimat as sirr (f)	كلمة السرّ
virus	virūs (m)	فيروس
to find, to detect	waʒad	وجد
byte	bayt (m)	بايت
megabyte	miʒabāyt (m)	ميجابايت
data	bayānāt (pl)	بيانات

database	qa'idat bayānāt (f)	قاعدة بيانات
cable (USB, etc.)	kābil (m)	كابل
to disconnect (vt)	faṣal	فصل
to connect (sth to sth)	waṣṣal	وصّل

102. Internet. E-mail

Internet	intirnit (m)	إنترنت
browser	mutaṣaffiḥ (m)	متصفح
search engine	muḥarrik baḥθ (m)	محرّك بحث
provider	ʃarikat al intirnīt (f)	شركة الإنترنيت
webmaster	mudīr al mawqiʿ (m)	مدير الموقع
website	mawqiʿ iliktrūniy (m)	موقع إلكتروني
webpage	ṣafḥat wīb (f)	صفحة ويب
address (e-mail ~)	ʿunwān (m)	عنوان
address book	daftar al ʿanāwīn (m)	دفتر العناوين
postbox	ṣundūq al barīd (m)	صندوق البريد
post	barīd (m)	بريد
full (adj)	mumtaliʾ	ممتلىء
message	risāla iliktrūniyya (f)	رسالة إلكترونيّة
incoming messages	rasaʾil wārida (pl)	رسائل واردة
outgoing messages	rasaʾil ṣādira (pl)	رسائل صادرة
sender	mursil (m)	مرسل
to send (vt)	arsal	أرسل
sending (of mail)	irsāl (m)	إرسال
receiver	mursal ilayh (m)	مرسل إليه
to receive (vt)	istalam	إستلم
correspondence	murāsala (f)	مراسلة
to correspond (vi)	tarāsal	تراسل
file	malaff (m)	ملفّ
to download (vt)	ḥammal	حمّل
to create (vt)	anʃaʾ	أنشأ
to delete (vt)	masaḥ	مسح
deleted (adj)	mamsūḥ	ممسوح
connection (ADSL, etc.)	ittiṣāl (m)	إتّصال
speed	surʿa (f)	سرعة
modem	mudim (m)	مودم
access	wuṣūl (m)	وصول
port (e.g. input ~)	maxraʒ (m)	مخرج
connection (make a ~)	ittiṣāl (m)	إتّصال
to connect to … (vi)	ittaṣal	إتّصل
to select (vt)	ixtār	إختار
to search (for …)	baḥaθ	بحث

103. Electricity

English	Transliteration	Arabic
electricity	kahrabā' (m)	كهرباء
electric, electrical (adj)	kahrabā'iy	كهربائيّ
electric power station	maḥaṭṭa kahrabā'iyya (f)	محطّة كهربائيّة
energy	ṭāqa (f)	طاقة
electric power	ṭāqa kahrabā'iyya (f)	طاقة كهربائيّة
light bulb	lamba (f)	لمبة
torch	kaʃʃāf an nūr (m)	كشّاف النور
street light	'amūd an nūr (m)	عمود النور
light	nūr (m)	نور
to turn on	fataḥ, ʃaɣɣal	فتح، شغّل
to turn off	ṭaffa	طفّى
to turn off the light	ṭaffa n nūr	طفّى النور
to burn out (vi)	intafa'	إنطفأ
short circuit	dā'ira kahrabā'iyya qaṣīra (f)	دائرة كهربائيّة قصيرة
broken wire	silk maqṭūʿ (m)	سلك مقطوع
contact (electrical ~)	talāmus (m)	تلامس
light switch	miftāḥ an nūr (m)	مفتاح النور
socket outlet	barizat al kahrabā' (f)	بريزة الكهرباء
plug	fīʃat al kahrabā' (f)	فيشة الكهرباء
extension lead	silk tawṣīl (m)	سلك توصيل
fuse	fāṣima (f)	فاصمة
cable, wire	silk (m)	سلك
wiring	aslāk (pl)	أسلاك
ampere	ambīr (m)	أمبير
amperage	ʃiddat at tayyār al kahrabā'iy (f)	شدّة التيّار الكهربائيّ
volt	vūlt (m)	فولت
voltage	ʒuhd kahrabā'iy (m)	جهد كهربائيّ
electrical device	ʒihāz kahrabā'iy (m)	جهاز كهربائيّ
indicator	mu'aʃʃir (m)	مؤشّر
electrician	kahrabā'iy (m)	كهربائيّ
to solder (vt)	laḥam	لحم
soldering iron	adāt laḥm (f)	أداة لحم
electric current	tayyār kahrabā'iy (m)	تيّار كهربائيّ

104. Tools

English	Transliteration	Arabic
tool, instrument	adāt (f)	أداة
tools	adawāt (pl)	أدوات
equipment (factory ~)	muʿaddāt (pl)	معدّات
hammer	miṭraqa (f)	مطرقة
screwdriver	mifakk (m)	مفكّ

English	Transliteration	Arabic
axe	fa's (m)	فأس
saw	minʃār (m)	منشار
to saw (vt)	naʃar	نشر
plane (tool)	masḥāʒ (m)	مسحج
to plane (vt)	saḥaʒ	سحج
soldering iron	adāt laḥm (f)	أداة لحم
to solder (vt)	laḥam	لحم
file (tool)	mibrad (m)	مبرد
carpenter pincers	kammāʃa (f)	كمّاشة
combination pliers	zardiyya (f)	زرديّة
chisel	izmīl (m)	إزميل
drill bit	luqmat θaqb (m)	لقمة ثقب
electric drill	miθqab (m)	مثقب
to drill (vi, vt)	θaqab	ثقب
knife	sikkīn (m)	سكّين
pocket knife	sikkīn ʒayb (m)	سكّين جيب
blade	ʃafra (f)	شفرة
sharp (blade, etc.)	ḥādd	حادّ
dull, blunt (adj)	θālim	ثالم
to get blunt (dull)	taθallam	تثلّم
to sharpen (vt)	ʃaḥað	شحذ
bolt	mismār qalāwūz (m)	مسمار قلاووظ
nut	ṣamūla (f)	صامولة
thread (of a screw)	naẓm (m)	نظم
wood screw	qalāwūz (m)	قلاووظ
nail	mismār (m)	مسمار
nailhead	ra's al mismār (m)	رأس المسمار
ruler (for measuring)	masṭara (f)	مسطرة
tape measure	ʃarīṭ al qiyās (m)	شريط القياس
spirit level	mīzān al mā' (m)	ميزان الماء
magnifying glass	'adasa mukabbira (f)	عدسة مكبّرة
measuring instrument	ʒihāz qiyās (m)	جهاز قياس
to measure (vt)	qās	قاس
scale (of thermometer, etc.)	miqyās (m)	مقياس
readings	qirā'a (f)	قراءة
compressor	ḍāɣiṭ al ɣāz (m)	ضاغط الغاز
microscope	mikruskūb (m)	ميكروسكوب
pump (e.g. water ~)	ṭulumba (f)	طلمبة
robot	rūbut (m)	روبوت
laser	layzir (m)	ليزر
spanner	miftāḥ aṣ ṣawāmīl (m)	مفتاح الصواميل
adhesive tape	lazq (m)	لزق
glue	ṣamɣ (m)	صمغ
sandpaper	waraq ṣanfara (m)	ورق صنفرة
spring	sūsta (f)	سوستة

English	Arabic (translit)	Arabic
magnet	miynaṭīs (m)	مغنطيس
gloves	quffāz (m)	قفاز

rope	ḥabl (m)	حبل
cord	ḥabl (m)	حبل
wire (e.g. telephone ~)	silk (m)	سلك
cable	kābil (m)	كابل

sledgehammer	mirzaba (f)	مرزبة
prybar	ʿatala (f)	عتلة
ladder	sullam (m)	سلم
stepladder	sullam (m)	سلم

to screw (tighten)	aḥkam aʃ ʃadd	أحكم الشدّ
to unscrew (lid, filter, etc.)	fataḥ	فتح
to tighten (e.g. with a clamp)	kamaʃ	كمش
to glue, to stick	alṣaq	ألصق
to cut (vt)	qaṭaʿ	قطع

malfunction (fault)	taʿaṭṭul (m)	تعطل
repair (mending)	iṣlāḥ (m)	إصلاح
to repair, to fix (vt)	aṣlaḥ	أصلح
to adjust (machine, etc.)	ḍabaṭ	ضبط

to check (to examine)	ixtabar	إختبر
checking	faḥṣ (m)	فحص
readings	qirāʾa (f)	قراءة

reliable, solid (machine)	matīn	متين
complex (adj)	murakkab	مركّب

to rust (get rusted)	ṣadiʾ	صدئ
rusty (adj)	ṣadiʾ	صديء
rust	ṣadaʾ (m)	صدأ

TECHNICAL EQUIPMENT. TRANSPORT

Transport

105. Aeroplane

English	Transliteration	Arabic
aeroplane	ṭā'ira (f)	طائرة
air ticket	taðkirat ṭā'ira (f)	تذكرة طائرة
airline	ʃarikat ṭayarān (f)	شركة طيران
airport	maṭār (m)	مطار
supersonic (adj)	xāriq liṣ ṣawt	خارق للصوت
captain	qā'id aṭ ṭā'ira (m)	قائد الطائرة
crew	ṭāqim (m)	طاقم
pilot	ṭayyār (m)	طيّار
stewardess	muḍīfat ṭayarān (f)	مضيفة طيران
navigator	mallāḥ (m)	ملّاح
wings	aʒniḥa (pl)	أجنحة
tail	ðayl (m)	ذيل
cockpit	kabīna (f)	كابينة
engine	mutūr (m)	موتور
undercarriage (landing gear)	'aʒalāt al hubūṭ (pl)	عجلات الهبوط
turbine	turbīna (f)	تربينة
propeller	mirwaḥa (f)	مروحة
black box	musaʒʒil aṭ ṭayarān (m)	مسجّل الطيران
yoke (control column)	'aʒalat qiyāda (f)	عجلة قيادة
fuel	wuqūd (m)	وقود
safety card	biṭāqat as salāma (f)	بطاقة السلامة
oxygen mask	qinā' uksiʒīn (m)	قناع أوكسيجين
uniform	libās muwaḥḥad (m)	لباس موحّد
lifejacket	sutrat naʒāt (f)	سترة نجاة
parachute	miẓallat hubūṭ (f)	مظلّة هبوط
takeoff	iqlā' (m)	إقلاع
to take off (vi)	aqla'at	أقلعت
runway	madraʒ aṭ ṭā'irāt (m)	مدرج الطائرات
visibility	ru'ya (f)	رؤية
flight (act of flying)	ṭayarān (m)	طيران
altitude	irtifā' (m)	إرتفاع
air pocket	ʒayb hawā'iy (m)	جيب هوائيّ
seat	maq'ad (m)	مقعد
headphones	sammā'āt ra'siya (pl)	سمّاعات رأسيّة
folding tray (tray table)	ṣīniyya qābila liṭ ṭayy (f)	صينية قابلة للطيّ
airplane window	ʃubbāk aṭ ṭā'ira (m)	شبّاك الطائرة
aisle	mamarr (m)	ممرّ

106. Train

English	Transliteration	Arabic
train	qiṭār (m)	قطار
commuter train	qiṭār (m)	قطار
express train	qiṭār sarī' (m)	قطار سريع
diesel locomotive	qāṭirat dīzil (f)	قاطرة ديزل
steam locomotive	qāṭira buxāriyya (f)	قاطرة بخاريّة
coach, carriage	'araba (f)	عربة
buffet car	'arabat al maṭ'am (f)	عربة المطعم
rails	quḍubān (pl)	قضبان
railway	sikka ḥadīdiyya (f)	سكّة حديديّة
sleeper (track support)	'āriḍa (f)	عارضة
platform (railway ~)	raṣīf (m)	رصيف
platform (~ 1, 2, etc.)	xaṭṭ (m)	خطّ
semaphore	simafūr (m)	سيمافور
station	maḥaṭṭa (f)	محطّة
train driver	sā'iq (m)	سائق
porter (of luggage)	ḥammāl (m)	حمّال
carriage attendant	mas'ūl 'arabat al qiṭār (m)	مسؤول عربة القطار
passenger	rākib (m)	راكب
ticket inspector	kamsariy (m)	كمسريّ
corridor (in train)	mamarr (m)	ممرّ
emergency brake	farāmil aṭ ṭawāri' (pl)	فرامل الطوارئ
compartment	ɣurfa (f)	غرفة
berth	sarīr (m)	سرير
upper berth	sarīr 'ulwiy (m)	سرير علويّ
lower berth	sarīr sufliy (m)	سرير سفليّ
bed linen, bedding	aɣṭiyat as sarīr (pl)	أغطية السرير
ticket	taðkira (f)	تذكرة
timetable	ʒadwal (m)	جدول
information display	lawḥat ma'lūmāt (f)	لوحة معلومات
to leave, to depart	ɣādar	غادر
departure (of train)	muɣādara (f)	مغادرة
to arrive (ab. train)	waṣal	وصل
arrival	wuṣūl (m)	وصول
to arrive by train	waṣal bil qiṭār	وصل بالقطار
to get on the train	rakib al qiṭār	ركب القطار
to get off the train	nazil min al qiṭār	نزل من القطار
train crash	ḥiṭām qiṭār (m)	حطام قطار
to derail (vi)	xaraʒ 'an xaṭṭ sayrih	خرج عن خطّ سيره
steam locomotive	qāṭira buxāriyya (f)	قاطرة بخاريّة
stoker, fireman	'ataʒʒiy (m)	عتشجيّ
firebox	furn al muḥarrik (m)	فرن المحرّك
coal	faḥm (m)	فحم

107. Ship

English	Transliteration	Arabic
ship	safīna (f)	سفينة
vessel	safīna (f)	سفينة
steamship	bāxira (f)	باخرة
riverboat	bāxira nahriyya (f)	باخرة نهريّة
cruise ship	bāxira siyaḥiyya (f)	باخرة سياحيّة
cruiser	ṭarrād (m)	طرّاد
yacht	yaxt (m)	يخت
tugboat	qāṭira (f)	قاطرة
barge	ṣandal (m)	صندل
ferry	ʻabbāra (f)	عبّارة
sailing ship	safīna ʃirāʻiyya (m)	سفينة شراعيّة
brigantine	markab ʃirāʻiy (m)	مركب شراعيّ
ice breaker	muḥaṭṭimat ʒalīd (f)	محطّمة جليد
submarine	ɣawwāṣa (f)	غوّاصة
boat (flat-bottomed ~)	markab (m)	مركب
dinghy	zawraq (m)	زورق
lifeboat	qārib naʒāt (m)	قارب نجاة
motorboat	lanʃ (m)	لنش
captain	qubṭān (m)	قبطان
seaman	baḥḥār (m)	بحّار
sailor	baḥḥār (m)	بحّار
crew	ṭāqim (m)	طاقم
boatswain	raʼīs al baḥḥāra (m)	رئيس البحّارة
ship's boy	ṣabiy as safīna (m)	صبي السفينة
cook	ṭabbāx (m)	طبّاخ
ship's doctor	ṭabīb as safīna (m)	طبيب السفينة
deck	saṭḥ as safīna (m)	سطح السفينة
mast	sāriya (f)	سارية
sail	ʃirāʻ (m)	شراع
hold	ʻambar (m)	عنبر
bow (prow)	muqaddama (m)	مقدّمة
stern	muʼaxirat as safīna (f)	مؤخّرة السفينة
oar	miʒðāf (m)	مجذاف
screw propeller	mirwaḥa (f)	مروحة
cabin	kabīna (f)	كابينة
wardroom	ɣurfat al istirāḥa (f)	غرفة الإستراحة
engine room	qism al ʼālāt (m)	قسم الآلات
bridge	burʒ al qiyāda (m)	برج القيادة
radio room	ɣurfat al lāsilkiy (f)	غرفة اللاسلكيّ
wave (radio)	mawʒa (f)	موجة
logbook	siʒil as safīna (m)	سجل السفينة
spyglass	minẓār (m)	منظار
bell	ʒaras (m)	جرس

flag	ʻalam (m)	علم
hawser (mooring ~)	ḥabl (m)	حبل
knot (bowline, etc.)	ʻuqda (f)	عقدة
deckrails	drabizīn (m)	درابزين
gangway	sullam (m)	سلّم
anchor	mirsāt (f)	مرساة
to weigh anchor	rafaʻ mirsāt	رفع مرساة
to drop anchor	rasa	رسا
anchor chain	silsilat mirsāt (f)	سلسلة مرساة
port (harbour)	mīnāʼ (m)	ميناء
quay, wharf	marsa (m)	مرسى
to berth (moor)	rasa	رسا
to cast off	aqlaʻ	أقلع
trip, voyage	riḥla (f)	رحلة
cruise (sea trip)	riḥla baḥriyya (f)	رحلة بحرية
course (route)	masār (m)	مسار
route (itinerary)	ṭarīq (m)	طريق
fairway (safe water channel)	maʒra milāḥiy (m)	مجرى ملاحيّ
shallows	miyāh ḍaḥla (f)	مياه ضحلة
to run aground	ʒanaḥ	جنح
storm	ʻāṣifa (f)	عاصفة
signal	iʃāra (f)	إشارة
to sink (vi)	ɣariq	غرق
Man overboard!	saqaṭ raʒul min as safīna!	سقط رجل من السفينة!
SOS (distress signal)	nidāʼ iɣāθa (m)	نداء إغاثة
ring buoy	ṭawq naʒāt (m)	طوق نجاة

108. Airport

airport	maṭār (m)	مطار
aeroplane	ṭāʼira (f)	طائرة
airline	ʃarikat ṭayarān (f)	شركة طيران
air traffic controller	marāqib al ḥaraka al ʒawwiyya (pl)	مراقب الحركة الجويّة
departure	muɣādara (f)	مغادرة
arrival	wuṣūl (m)	وصول
to arrive (by plane)	waṣal	وصل
departure time	waqt al muɣādara (m)	وقت المغادرة
arrival time	waqt al wuṣūl (m)	وقت الوصول
to be delayed	taʼaxxar	تأخّر
flight delay	taʼaxxur ar riḥla (f)	تأخّر الرحلة
information board	lawḥat al maʻlūmāt (f)	لوحة المعلومات
information	istiʻlāmāt (pl)	إستعلامات
to announce (vt)	aʻlan	أعلن

English	Transliteration	Arabic
flight (e.g. next ~)	riḥla (f)	رحلة
customs	ʒamārik (pl)	جمارك
customs officer	muwaẓẓaf al ʒamārik (m)	موظف الجمارك
customs declaration	taṣrīḥ ʒumrukiy (m)	تصريح جمركيّ
to fill in (vt)	mala'	ملأ
to fill in the declaration	mala' at taṣrīḥ	ملأ التصريح
passport control	taftīʃ al ʒawāzāt (m)	تفتيش الجوازات
luggage	aʃ ʃunaṭ (pl)	الشنط
hand luggage	ʃunaṭ al yad (pl)	شنط اليد
luggage trolley	ʻarabat ʃunaṭ (f)	عربة شنط
landing	hubūṭ (m)	هبوط
landing strip	mamarr al hubūṭ (m)	ممرّ الهبوط
to land (vi)	habaṭ	هبط
airstairs	sullam aṭ ṭā'ira (m)	سلّم الطائرة
check-in	tasʒīl (m)	تسجيل
check-in counter	makān at tasʒīl (m)	مكان التسجيل
to check-in (vi)	saʒʒal	سجّل
boarding card	biṭāqat ṣuʻūd (f)	بطاقة صعود
departure gate	bawwābat al muɣādara (f)	بوّابة المغادرة
transit	tranzīt (m)	ترانزيت
to wait (vt)	intazar	إنتظر
departure lounge	qāʻat al muɣādara (f)	قاعة المغادرة
to see off	waddaʻ	ودّع
to say goodbye	waddaʻ	ودّع

Life events

109. Holidays. Event

English	Transliteration	Arabic
celebration, holiday	'īd (m)	عيد
national day	'īd waṭaniy (m)	عيد وطني
public holiday	yawm al 'uṭla ar rasmiyya (m)	يوم العطلة الرسمية
to commemorate (vt)	iḥtafal	إحتفل
event (happening)	ḥadaθ (m)	حدث
event (organized activity)	munasaba (f)	مناسبة
banquet (party)	walīma (f)	وليمة
reception (formal party)	ḥaflat istiqbāl (f)	حفلة إستقبال
feast	walīma (f)	وليمة
anniversary	ðikra sanawiyya (f)	ذكرى سنوية
jubilee	yubīl (m)	يوبيل
to celebrate (vt)	iḥtafal	إحتفل
New Year	ra's as sana (m)	رأس السنة
Happy New Year!	kull sana wa anta ṭayyib!	كلّ سنة وأنت طيّب!
Father Christmas	baba nuwīl (m)	بابا نويل
Christmas	'īd al mīlād (m)	عيد الميلاد
Merry Christmas!	'īd mīlād sa'īd!	عيد ميلاد سعيد!
Christmas tree	ʃaʒarat ra's as sana (f)	شجرة رأس السنة
fireworks (fireworks show)	al'āb nāriyya (pl)	ألعاب نارية
wedding	zīfāf (m)	زفاف
groom	'arīs (m)	عريس
bride	'arūsa (f)	عروسة
to invite (vt)	da'a	دعا
invitation card	biṭāqat da'wa (f)	بطاقة دعوة
guest	ḍayf (m)	ضيف
to visit (~ your parents, etc.)	zār	زار
to meet the guests	istaqbal aḍ ḍuyūf	إستقبل الضيوف
gift, present	hadiyya (f)	هدية
to give (sth as present)	qaddam	قدّم
to receive gifts	istalam al hadāya	إستلم الهدايا
bouquet (of flowers)	bāqat zuhūr (f)	باقة زهور
congratulations	tahnī'a (f)	تهنئة
to congratulate (vt)	hanna'	هنّأ
greetings card	biṭāqat tahnī'a (f)	بطاقة تهنئة
to send a postcard	arsal biṭāqat tahni'a	أرسل بطاقة تهنئة
to get a postcard	istalam biṭāqat tahnī'a	إستلم بطاقة تهنئة

toast	naxb (m)	نخب
to offer (a drink, etc.)	dayyaf	ضيّف
champagne	ʃambāniya (f)	شمبانيا
to enjoy oneself	istamta'	إستمتع
merriment (gaiety)	faraḥ (m)	فرح
joy (emotion)	sa'āda (f)	سعادة
dance	rāqiṣa (f)	رقصة
to dance (vi, vt)	raqaṣ	رقص
waltz	vāls (m)	فالس
tango	tāngu (m)	تانجو

110. Funerals. Burial

cemetery	maqbara (f)	مقبرة
grave, tomb	qabr (m)	قبر
cross	ṣalīb (m)	صليب
gravestone	ʃāhid al qabr (m)	شاهد القبر
fence	sūr (m)	سور
chapel	kanīsa ṣaɣīra (f)	كنيسة صغيرة
death	mawt (m)	موت
to die (vi)	māt	مات
the deceased	al mutawaffi (m)	المتوفّي
mourning	ḥidād (m)	حداد
to bury (vt)	dafan	دفن
undertakers	bayt al ʒanāzāt (m)	بيت الجنازات
funeral	ʒanāza (f)	جنازة
wreath	iklīl (m)	إكليل
coffin	tābūt (m)	تابوت
hearse	sayyārat naql al mawta (f)	سيّارة نقل الموتى
shroud	kafan (m)	كفن
funeral procession	ʒanāza (f)	جنازة
funerary urn	qārūra li ḥifẓ ramād al mawta (f)	قارورة لحفظ رماد الموتى
crematorium	maḥraqat ʒuθaθ al mawta (f)	محرقة جثث الموتى
obituary	na'iy (m)	نعيّ
to cry (weep)	baka	بكى
to sob (vi)	naḥab	نحب

111. War. Soldiers

platoon	faṣīla (f)	فصيلة
company	sariyya (f)	سريّة
regiment	fawʒ (m)	فوج
army	ʒayʃ (m)	جيش

division	firqa (f)	فرقة
section, squad	waḥda (f)	وحدة
host (army)	ʒayʃ (m)	جيش
soldier	ʒundiy (m)	جنديّ
officer	ḍābiṭ (m)	ضابط
private	ʒundiy (m)	جنديّ
sergeant	raqīb (m)	رقيب
lieutenant	mulāzim (m)	ملازم
captain	naqīb (m)	نقيب
major	rāʾid (m)	رائد
colonel	ʿaqīd (m)	عقيد
general	ʒinirāl (m)	جنرال
sailor	baḥḥār (m)	بحّار
captain	qubṭān (m)	قبطان
boatswain	raʾīs al baḥḥāra (m)	رئيس البحّارة
artilleryman	madfaʿiy (m)	مدفعيّ
paratrooper	ʒundiy al maẓallāt (m)	جنديّ المظلّلات
pilot	ṭayyār (m)	طيّار
navigator	mallāḥ (m)	ملّاح
mechanic	mikanīkiy (m)	ميكانيكيّ
pioneer (sapper)	muhandis ʿaskariy (m)	مهندس عسكريّ
parachutist	miẓalliy (m)	مظلّيّ
reconnaissance scout	mustakʃif (m)	مستكشف
sniper	qannāṣ (m)	قنّاص
patrol (group)	dawriyya (f)	دوريّة
to patrol (vt)	qām bi dawriyya	قام بدوريّة
sentry, guard	ḥāris (m)	حارس
warrior	muḥārib (m)	محارب
patriot	waṭaniy (m)	وطنيّ
hero	baṭal (m)	بطل
heroine	baṭala (f)	بطلة
traitor	χāʾin (m)	خائن
to betray (vt)	χān	خان
deserter	hārib min al ʒayʃ (m)	هارب من الجيش
to desert (vi)	harab min al ʒayʃ	هرب من الجيش
mercenary	maʾʒūr (m)	مأجور
recruit	ʒundiy ʒadīd (m)	جنديّ جديد
volunteer	mutaṭawwiʿ (m)	متطوّع
dead (n)	qatīl (m)	قتيل
wounded (n)	ʒarīḥ (m)	جريح
prisoner of war	asīr (m)	أسير

112. War. Military actions. Part 1

war	ḥarb (f)	حرب
to be at war	ḥārab	حارب

English	Transliteration	Arabic
civil war	ḥarb ahliyya (f)	حرب أهليّة
treacherously (adv)	ɣadran	غدرًا
declaration of war	iʻlān ḥarb (m)	إعلان حرب
to declare (~ war)	aʻlan	أعلن
aggression	ʻudwān (m)	عدوان
to attack (invade)	haʒam	هجم
to invade (vt)	iḥtall	إحتلّ
invader	muḥtall (m)	محتلّ
conqueror	fātiḥ (m)	فاتح
defence	difāʻ (m)	دفاع
to defend (a country, etc.)	dāfaʻ	دافع
to defend (against …)	dāfaʻ ʻan nafsih	دافع عن نفسه
enemy	ʻaduww (m)	عدوّ
foe, adversary	xaṣm (m)	خصم
enemy (as adj)	ʻaduww	عدوّ
strategy	istratiʒiyya (f)	إستراتيجيّة
tactics	taktīk (m)	تكتيك
order	amr (m)	أمر
command (order)	amr (m)	أمر
to order (vt)	amar	أمر
mission	muhimma (f)	مهمّة
secret (adj)	sirriy	سرّيّ
battle	maʻraka (f)	معركة
combat	qitāl (m)	قتال
attack	huʒūm (m)	هجوم
charge (assault)	inqiḍāḍ (m)	إنقضاض
to storm (vt)	inqaḍḍ	إنقضّ
siege (to be under ~)	ḥiṣār (m)	حصار
offensive (n)	huʒūm (m)	هجوم
to go on the offensive	haʒam	هجم
retreat	insiḥāb (m)	إنسحاب
to retreat (vi)	insaḥab	إنسحب
encirclement	iḥāṭa (f)	إحاطة
to encircle (vt)	aḥāṭ	أحاط
bombing (by aircraft)	qaṣf (m)	قصف
to drop a bomb	asqaṭ qumbula	أسقط قنبلة
to bomb (vt)	qaṣaf	قصف
explosion	infiʒār (m)	إنفجار
shot	ṭalaqa (f)	طلقة
to fire (~ a shot)	aṭlaq an nār	أطلق النار
firing (burst of ~)	iṭlāq an nār (m)	إطلاق النار
to aim (to point a weapon)	ṣawwab	صوّب
to point (a gun)	ṣawwab	صوّب

to hit (the target)	aṣāb al hadaf	أصاب الهدف
to sink (~ a ship)	aɣraq	أغرق
hole (in a ship)	θuqb (m)	ثقب
to founder, to sink (vi)	ɣariq	غرق

front (war ~)	ʒabha (f)	جبهة
evacuation	iχlāʾ aṭ ṭawāriʾ (m)	إخلاء الطوارئ
to evacuate (vt)	aχla	أخلى

trench	χandaq (m)	خندق
barbed wire	aslāk ʃāʾika (pl)	أسلاك شائكة
barrier (anti tank ~)	ḥāʒiz (m)	حاجز
watchtower	burʒ muraqaba (m)	برج مراقبة

military hospital	mustaʃfa ʿaskariy (m)	مستشفى عسكريّ
to wound (vt)	ʒaraḥ	جرح
wound	ʒurḥ (m)	جرح
wounded (n)	ʒarīḥ (m)	جريح
to be wounded	uṣīb bil ʒirāḥ	أصيب بالجراح
serious (wound)	χaṭīr	خطير

113. War. Military actions. Part 2

captivity	asr (m)	أسر
to take captive	asar	أسر
to be held captive	kān asīran	كان أسيرًا
to be taken captive	waqaʿ fil asr	وقع في الأسر

concentration camp	muʿaskar iʿtiqāl (m)	معسكر إعتقال
prisoner of war	asīr (m)	أسير
to escape (vi)	harab	هرب

to betray (vt)	χān	خان
betrayer	χāʾin (m)	خائن
betrayal	χiyāna (f)	خيانة

| to execute (by firing squad) | aʿdam ramyan bir raṣāṣ | أعدم رميًا بالرصاص |
| execution (by firing squad) | iʿdām ramyan bir raṣāṣ (m) | إعدام رميًا بالرصاص |

equipment (military gear)	al ʿitād al ʿaskariy (m)	العتاد العسكريّ
shoulder board	katāfa (f)	كتافة
gas mask	qināʿ al ɣāz (m)	قناع الغاز

field radio	ʒihāz lāsilkiy (m)	جهاز لاسلكيّ
cipher, code	ʃifra (f)	شفرة
secrecy	sirriyya (f)	سرّيّة
password	kalimat al murūr (f)	كلمة مرور

land mine	laɣm (m)	لغم
to mine (road, etc.)	laɣɣam	لغّم
minefield	ḥaql alɣām (m)	حقل ألغام

| air-raid warning | inðār ʒawwiy (m) | إنذار جوّيّ |
| alarm (alert signal) | inðār (m) | إنذار |

signal	iʃāra (f)	إشارة
signal flare	iʃāra muḍīʿa (f)	إشارة مضيئة
headquarters	maqarr (m)	مقرّ
reconnaissance	kaʃʃāfat al istiṭlāʿ (f)	كشّافة الإستطلاع
situation	waḍʿ (m)	وضع
report	taqrīr (m)	تقرير
ambush	kamīn (m)	كمين
reinforcement (of army)	imdādāt ʿaskariyya (pl)	إمدادات عسكريّة
target	hadaf (m)	هدف
training area	ḥaql taʒārib (m)	حقل تجارب
military exercise	munāwarāt ʿaskariyya (pl)	مناورات عسكريّة
panic	ðuʿr (m)	ذعر
devastation	damār (m)	دمار
destruction, ruins	ḥiṭām (pl)	حطام
to destroy (vt)	dammar	دمّر
to survive (vi, vt)	naʒa	نجا
to disarm (vt)	ʒarrad min as silāḥ	جرّد من السلاح
to handle (~ a gun)	istaʿmal	إستعمل
Attention!	intibāh!	إنتباه!
At ease!	istariḥ!	إسترح!
act of courage	maʼθara (f)	مأثرة
oath (vow)	qasam (m)	قسم
to swear (an oath)	aqsam	أقسم
decoration (medal, etc.)	wisām (m)	وسام
to award (give medal to)	manaḥ	منح
medal	midāliyya (f)	ميداليّة
order (e.g. ~ of Merit)	wisām ʿaskariy (m)	وسام عسكريّ
victory	intiṣār - fawz (m)	إنتصار, فوز
defeat	hazīma (f)	هزيمة
armistice	hudna (f)	هدنة
standard (battle flag)	rāyat al maʿraka (f)	راية المعركة
glory (honour, fame)	maʒd (m)	مجد
parade	istiʿrāḍ ʿaskariy (m)	إستعراض عسكريّ
to march (on parade)	sār	سار

114. Weapons

weapons	asliḥa (pl)	أسلحة
firearms	asliḥa nāriyya (pl)	أسلحة ناريّة
cold weapons (knives, etc.)	asliḥa bayḍāʼ (pl)	أسلحة بيضاء
chemical weapons	asliḥa kīmyāʼiyya (pl)	أسلحة كيميائيّة
nuclear (adj)	nawawiy	نوويّ
nuclear weapons	asliḥa nawawiyya (pl)	أسلحة نوويّة
bomb	qumbula (f)	قنبلة

English	Transliteration	Arabic
atomic bomb	qumbula nawawiyya (f)	قنبلة نوويّة
pistol (gun)	musaddas (m)	مسدّس
rifle	bunduqiyya (f)	بندقيّة
submachine gun	bunduqiyya huʒūmiyya (f)	بندقيّة هجوميّة
machine gun	raʃʃāʃ (m)	رشّاش
muzzle	fūha (f)	فوهة
barrel	sabṭāna (f)	سبطانة
calibre	ʿiyār (m)	عيار
trigger	zinād (m)	زناد
sight (aiming device)	muṣawwib (m)	مصوّب
magazine	maxzan (m)	مخزن
butt (shoulder stock)	ʿaqab al bunduqiyya (m)	عقب البندقيّة
hand grenade	qumbula yadawiyya (f)	قنبلة يدويّة
explosive	mawādd mutafaʒʒira (pl)	موادّ متفجّرة
bullet	ruṣāṣa (f)	رصاصة
cartridge	xarṭūʃa (f)	خرطوشة
charge	haʃwa (f)	حشوة
ammunition	ðaxāʾir (pl)	ذخائر
bomber (aircraft)	qāðifat qanābil (f)	قاذفة قنابل
fighter	ṭāʾira muqātila (f)	طائرة مقاتلة
helicopter	hiliukūbtir (m)	هليكوبتر
anti-aircraft gun	madfaθ muḍādd liṭ ṭaʾirāṭ (m)	مدفع مضادّ للطائرات
tank	dabbāba (f)	دبّابة
tank gun	madfaʿ ad dabbāba (m)	مدفع الدبّابة
artillery	madfaʿiyya (f)	مدفعيّة
gun (cannon, howitzer)	madfaʿ (m)	مدفع
to lay (a gun)	ṣawwab	صوّب
shell (projectile)	qaðīfa (f)	قذيفة
mortar bomb	qumbula hāwun (f)	قنبلة هاون
mortar	hāwun (m)	هاون
splinter (shell fragment)	ʃaẓiyya (f)	شظيّة
submarine	ɣawwāṣa (f)	غوّاصة
torpedo	turbīd (m)	طوربيد
missile	ṣārūx (m)	صاروخ
to load (gun)	haʃa	حشا
to shoot (vi)	aṭlaq an nār	أطلق النار
to point at (the cannon)	ṣawwab	صوّب
bayonet	harba (f)	حربة
rapier	ʃīʃ (m)	شيش
sabre (e.g. cavalry ~)	sayf munḥani (m)	سيف منحن
spear (weapon)	rumḥ (m)	رمح
bow	qaws (m)	قوس
arrow	sahm (m)	سهم
musket	muskīt (m)	مسكيت
crossbow	qaws mustaʿraḍ (m)	قوس معترض

115. Ancient people

English	Transliteration	Arabic
primitive (prehistoric)	bidā'iy	بدائيّ
prehistoric (adj)	ma qabl at tarīχ	ما قبل التاريخ
ancient (~ civilization)	qadīm	قديم
Stone Age	al 'aṣr al ḥaʒariy (m)	العصر الحجريّ
Bronze Age	al 'aṣr al brunziy (m)	العصر البرونزيّ
Ice Age	al 'aṣr al ʒalīdiy (m)	العصر الجليديّ
tribe	qabīla (f)	قبيلة
cannibal	'ākil laḥm al baʃar (m)	آكل لحم البشر
hunter	ṣayyād (m)	صيّاد
to hunt (vi, vt)	iṣṭād	إصطاد
mammoth	mamūθ (m)	ماموث
cave	kahf (m)	كهف
fire	nār (f)	نار
campfire	nār muχayyam (m)	نار مخيّم
cave painting	rasm fil kahf (m)	رسم في الكهف
tool (e.g. stone axe)	adāt (f)	أداة
spear	rumḥ (m)	رمح
stone axe	fa's ḥaʒariy (m)	فأس حجريّ
to be at war	ḥārab	حارب
to domesticate (vt)	daʒʒan	دجّن
idol	ṣanam (m)	صنم
to worship (vt)	'abad	عبد
superstition	χurāfa (f)	خرافة
rite	mansak (m)	منسك
evolution	taṭawwur (m)	تطوّر
development	numuww (m)	نمو
disappearance (extinction)	iχtifā' (m)	إختفاء
to adapt oneself	takayyaf	تكيّف
archaeology	'ilm al 'āθār (m)	علم الآثار
archaeologist	'ālim 'āθār (m)	عالم آثار
archaeological (adj)	aθariy	أثريّ
excavation site	mawqi' ḥafr (m)	موقع حفر
excavations	tanqīb (m)	تنقيب
find (object)	iktiʃāf (m)	إكتشاف
fragment	qiṭ'a (f)	قطعة

116. Middle Ages

English	Transliteration	Arabic
people (ethnic group)	ʃa'b (m)	شعب
peoples	ʃu'ūb (pl)	شعوب
tribe	qabīla (f)	قبيلة
tribes	qabā'il (pl)	قبائل
barbarians	al barābira (pl)	البرابرة

English	Transliteration	Arabic
Gauls	al ɣalyūn (pl)	الغاليون
Goths	al qūṭiyyūn (pl)	القوطيّون
Slavs	as silāf (pl)	السلاف
Vikings	al vaykinɣ (pl)	الفايكينغ
Romans	ar rūmān (pl)	الرومان
Roman (adj)	rumāniy	رومانيّ
Byzantines	bizanṭiyyūn (pl)	بيزنطيّون
Byzantium	bīzanṭa (f)	بيزنطة
Byzantine (adj)	bizanṭiy	بيزنطيّ
emperor	imbiraṭūr (m)	إمبراطور
leader, chief (tribal ~)	zaʿīm (m)	زعيم
powerful (~ king)	qawiy	قويّ
king	malik (m)	ملك
ruler (sovereign)	ḥākim (m)	حاكم
knight	fāris (m)	فارس
feudal lord	iqṭāʿiy (m)	إقطاعيّ
feudal (adj)	iqṭāʿiy	إقطاعيّ
vassal	muqṭaʿ (m)	مقطع
duke	dūq (m)	دوق
earl	īrl (m)	إيرل
baron	barūn (m)	بارون
bishop	usquf (m)	أسقف
armour	dirʿ (m)	درع
shield	turs (m)	ترس
sword	sayf (m)	سيف
visor	ḥāffa amāmiyya lil χūða (f)	حافة أماميّة للخوذة
chainmail	dirʿ az zarad (m)	درع الزرد
Crusade	ḥamla ṣalībiyya (f)	حملة صليبيّة
crusader	ṣalībiy (m)	صليبيّ
territory	arḍ (f)	أرض
to attack (invade)	haʒam	هجم
to conquer (vt)	fataḥ	فتح
to occupy (invade)	iḥtall	إحتلّ
siege (to be under ~)	ḥiṣār (m)	حصار
besieged (adj)	muḥāṣar	محاصر
to besiege (vt)	ḥāṣar	حاصر
inquisition	maḥākim at taftīʃ (pl)	محاكم التفتيش
inquisitor	mufattiʃ (m)	مفتّش
torture	taʿðīb (m)	تعذيب
cruel (adj)	qās	قاس
heretic	harṭūqiy (m)	هرطوقيّ
heresy	harṭaqa (f)	هرطقة
seafaring	as safar bil baḥr (m)	السفر بالبحر
pirate	qurṣān (m)	قرصان
piracy	qarṣana (f)	قرصنة

boarding (attack)	muhāǧmat safīna (f)	مهاجمة سفينة
loot, booty	ɣanīma (f)	غنيمة
treasures	kunūz (pl)	كنوز
discovery	iktiʃāf (m)	إكتشاف
to discover (new land, etc.)	iktaʃaf	إكتشف
expedition	baʻθa (f)	بعثة
musketeer	fāris (m)	فارس
cardinal	kardināl (m)	كاردينال
heraldry	ʃiʻārāt an nabāla (pl)	شعارات النبالة
heraldic (adj)	xāṣṣ bi ʃiʻārāt an nabāla	خاصّ بشعارات النبالة

117. Leader. Chief. Authorities

king	malik (m)	ملك
queen	malika (f)	ملكة
royal (adj)	malakiy	ملكيّ
kingdom	mamlaka (f)	مملكة
prince	amīr (m)	أمير
princess	amīra (f)	أميرة
president	raʼīs (m)	رئيس
vice-president	nāʼib ar raʼīs (m)	نائب الرئيس
senator	ʻuḍw maǧlis aʃ ʃuyūx (m)	عضو مجلس الشيوخ
monarch	ʻāhil (m)	عاهل
ruler (sovereign)	ḥākim (m)	حاكم
dictator	diktatūr (m)	ديكتاتور
tyrant	ṭāɣiya (f)	طاغية
magnate	raʼsmāliy kabīr (m)	رأسمالي كبير
director	mudīr (m)	مدير
chief	raʼīs (m)	رئيس
manager (director)	mudīr (m)	مدير
boss	raʼīs (m), mudīr (m)	رئيس، مدير
owner	ṣāḥib (m)	صاحب
leader	zaʻīm (m)	زعيم
head (~ of delegation)	raʼīs (m)	رئيس
authorities	suluṭāt (pl)	سلطات
superiors	ruʼasāʼ (pl)	رؤساء
governor	muḥāfiẓ (m)	محافظ
consul	qunṣul (m)	قنصل
diplomat	diblumāsiy (m)	دبلوماسيّ
mayor	raʼīs al baladiyya (m)	رئيس البلديّة
sheriff	ʃarīf (m)	شريف
emperor	imbiraṭūr (m)	إمبراطور
tsar, czar	qayṣar (m)	قيصر
pharaoh	firʻawn (m)	فرعون
khan	xān (m)	خان

118. Breaking the law. Criminals. Part 1

bandit	qāṭiʻ ṭarīq (m)	قاطع طريق
crime	ʒarīma (f)	جريمة
criminal (person)	muʒrim (m)	مجرم
thief	sāriq (m)	سارق
to steal (vi, vt)	saraq	سرق
stealing, theft	sirqa (f)	سرقة
to kidnap (vt)	χaṭaf	خطف
kidnapping	χaṭf (m)	خطف
kidnapper	χāṭif (m)	خاطف
ransom	fidya (f)	فدية
to demand ransom	ṭalab fidya	طلب فدية
to rob (vt)	nahab	نهب
robbery	nahb (m)	نهب
robber	nahhāb (m)	نهّاب
to extort (vt)	balṭaʒ	بلطج
extortionist	balṭaʒiy (m)	بلطجي
extortion	balṭaʒa (f)	بلطجة
to murder, to kill	qatal	قتل
murder	qatl (m)	قتل
murderer	qātil (m)	قاتل
gunshot	ṭalaqat nār (f)	طلقة نار
to fire (~ a shot)	aṭlaq an nār	أطلق النار
to shoot to death	qatal bir ruṣāṣ	قتل بالرصاص
to shoot (vi)	aṭlaq an nār	أطلق النار
shooting	iṭlāq an nār (m)	إطلاق النار
incident (fight, etc.)	ḥādiθ (m)	حادث
fight, brawl	ʻirāk (m)	عراك
Help!	sāʻidni	ساعدني!
victim	ḍaḥiyya (f)	ضحيّة
to damage (vt)	atlaf	أتلف
damage	χasāra (f)	خسارة
dead body, corpse	ʒuθθa (f)	جثّة
grave (~ crime)	ʻanīf	عنيف
to attack (vt)	haʒam	هجم
to beat (to hit)	ḍarab	ضرب
to beat up	ḍarab	ضرب
to take (rob of sth)	salab	سلب
to stab to death	ṭaʻan ḥatta al mawt	طعن حتّى الموت
to maim (vt)	ʃawwah	شوّه
to wound (vt)	ʒaraḥ	جرح
blackmail	balṭaʒa (f)	بلطجة
to blackmail (vt)	ibtazz	إبتزّ

blackmailer	mubtazz (m)	مبتزّ
protection racket	naṣb (m)	نصب
racketeer	naṣṣāb (m)	نصّاب
gangster	raʒul ʻiṣāba (m)	رجل عصابة
mafia	māfia (f)	مافيا
pickpocket	naʃʃāl (m)	نشّال
burglar	liṣṣ buyūt (m)	لصّ بيوت
smuggling	tahrīb (m)	تهريب
smuggler	muharrib (m)	مهرّب
forgery	tazwīr (m)	تزوير
to forge (counterfeit)	zawwar	زوّر
fake (forged)	muzawwar	مزوّر

119. Breaking the law. Criminals. Part 2

rape	iɣtiṣāb (m)	إغتصاب
to rape (vt)	iɣtaṣab	إغتصب
rapist	muɣtaṣib (m)	مغتصب
maniac	mahwūs (m)	مهووس
prostitute (fem.)	ʻāhira (f)	عاهرة
prostitution	daʻāra (f)	دعارة
pimp	qawwād (m)	قوّاد
drug addict	mudmin muxaddirāt (m)	مدمن مخدّرات
drug dealer	tāʒir muxaddirāt (m)	تاجر مخدّرات
to blow up (bomb)	faʒʒar	فجّر
explosion	infiʒār (m)	إنفجار
to set fire	aʃʻal an nār	أشعل النار
arsonist	muʃʻil ḥarīq (m)	مشعل حريق
terrorism	irhāb (m)	إرهاب
terrorist	irhābiy (m)	إرهابي
hostage	rahīna (m)	رهينة
to swindle (deceive)	iḥtāl	إحتال
swindle, deception	iḥtiyāl (m)	إحتيال
swindler	muḥtāl (m)	محتال
to bribe (vt)	raʃa	رشا
bribery	irtiʃāʼ (m)	إرتشاء
bribe	raʃwa (f)	رشوة
poison	samm (m)	سمّ
to poison (vt)	sammam	سمّم
to poison oneself	sammam nafsahu	سمّم نفسه
suicide (act)	intiḥār (m)	إنتحار
suicide (person)	muntaḥir (m)	منتحر
to threaten (vt)	haddad	هدّد
threat	tahdīd (m)	تهديد

to make an attempt	ḥāwal iɣtiyāl	حاول الإغتيال
attempt (attack)	muḥāwalat iɣtiyāl (f)	محاولة إغتيال
to steal (a car)	saraq	سرق
to hijack (a plane)	iχtaṭaf	إختطف
revenge	intiqām (m)	إنتقام
to avenge (get revenge)	intaqam	إنتقم
to torture (vt)	'aððab	عذّب
torture	ta'ðīb (m)	تعذيب
to torment (vt)	'aððab	عذّب
pirate	qurṣān (m)	قرصان
hooligan	wabaʃ (m)	وبش
armed (adj)	musallaḥ	مسلّح
violence	'unf (m)	عنف
illegal (unlawful)	ɣayr qānūniy	غير قانوني
spying (espionage)	taʒassas (m)	تجسّس
to spy (vi)	taʒassas	تجسّس

120. Police. Law. Part 1

justice	qaḍā' (m)	قضاء
court (see you in ~)	maḥkama (f)	محكمة
judge	qāḍi (m)	قاض
jurors	muḥallafūn (pl)	محلّفون
jury trial	qaḍā' al muḥallafīn (m)	قضاء المحلّفين
to judge (vt)	ḥakam	حكم
lawyer, barrister	muḥāmi (m)	محام
defendant	mudda'a 'alayh (m)	مدّعى عليه
dock	qafṣ al ittihām (m)	قفص الإتّهام
charge	ittihām (m)	إتّهام
accused	muttaham (m)	متّهم
sentence	ḥukm (m)	حكم
to sentence (vt)	ḥakam	حكم
guilty (culprit)	muðnib (m)	مذنب
to punish (vt)	'āqab	عاقب
punishment	'uqūba (f), 'iqāb (m)	عقوبة, عقاب
fine (penalty)	ɣarāma (f)	غرامة
life imprisonment	siʒn mada al ḥayāt (m)	سجن مدى الحياة
death penalty	'uqūbat 'i'dām (f)	عقوبة إعدام
electric chair	kursiy kaharabā'iy (m)	كرسي كهربائي
gallows	maʃnaqa (f)	مشنقة
to execute (vt)	a'dam	أعدم
execution	i'dām (m)	إعدام

prison	siʒn (m)	سجن
cell	zinzāna (f)	زنزانة
escort	ḥirāsa (f)	حراسة
prison officer	ḥāris siʒn (m)	حارس سجن
prisoner	saʒīn (m)	سجين
handcuffs	asfād (pl)	أصفاد
to handcuff (vt)	ṣaffad	صفد
prison break	hurūb min as siʒn (m)	هروب من السجن
to break out (vi)	harab	هرب
to disappear (vi)	iχtafa	إختفى
to release (from prison)	aχla sabīl	أخلى سبيل
amnesty	'afw 'āmm (m)	عفو عام
police	ʃurṭa (f)	شرطة
police officer	ʃurṭiy (m)	شرطي
police station	qism ʃurṭa (m)	قسم شرطة
truncheon	hirāwat aʃ ʃurṭiy (f)	هراوة الشرطي
megaphone (loudhailer)	būq (m)	بوق
patrol car	sayyārat dawrīyyāt (f)	سيارة دوريات
siren	ṣaffārat inðār (f)	صفارة إنذار
to turn on the siren	aṭlaq sirīna	أطلق سرينة
siren call	ṣawt sirīna (m)	صوت سرينة
crime scene	masraḥ al ʒarīma (m)	مسرح الجريمة
witness	ʃāhid (m)	شاهد
freedom	ḥurriyya (f)	حرية
accomplice	ʃarīk fil ʒarīma (m)	شريك في الجريمة
to flee (vi)	harab	هرب
trace (to leave a ~)	aθar (m)	أثر

121. Police. Law. Part 2

search (investigation)	baḥθ (m)	بحث
to look for ...	baḥaθ	بحث
suspicion	ʃubha (f)	شبهة
suspicious (e.g., ~ vehicle)	maʃbūh	مشبوه
to stop (cause to halt)	awqaf	أوقف
to detain (keep in custody)	i'taqal	إعتقل
case (lawsuit)	qaḍiyya (f)	قضية
investigation	taḥqīq (m)	تحقيق
detective	muḥaqqiq (m)	محقق
investigator	mufattiʃ (m)	مفتش
hypothesis	riwāya (f)	رواية
motive	dāfi' (m)	دافع
interrogation	istiʒwāb (m)	إستجواب
to interrogate (vt)	istaʒwab	إستجوب
to question (~ neighbors, etc.)	istanṭaq	إستنطق

English	Transliteration	Arabic
check (identity ~)	faḥṣ (m)	فحص
round-up	ʒamʻ (m)	جمع
search (~ warrant)	taftīʃ (m)	تفتيش
chase (pursuit)	muṭārada (f)	مطاردة
to pursue, to chase	ṭārad	طارد
to track (a criminal)	tābaʻ	تابع
arrest	iʻtiqāl (m)	إعتقال
to arrest (sb)	iʻtaqal	إعتقل
to catch (thief, etc.)	qabaḍ	قبض
capture	qabḍ (m)	قبض
document	waθīqa (f)	وثيقة
proof (evidence)	dalīl (m)	دليل
to prove (vt)	aθbat	أثبت
footprint	baṣma (f)	بصمة
fingerprints	baṣamāt al aṣābiʻ (pl)	بصمات الأصابع
piece of evidence	dalīl (m)	دليل
alibi	dafʻ bil ɣayba (f)	دفع بالغيبة
innocent (not guilty)	barīʼ	بريء
injustice	ẓulm (m)	ظلم
unjust, unfair (adj)	ɣayr ʻādil	غير عادل
criminal (adj)	iʒrāmiy	إجراميّ
to confiscate (vt)	ṣādar	صادر
drug (illegal substance)	muxaddirāt (pl)	مخدّرات
weapon, gun	silāḥ (m)	سلاح
to disarm (vt)	ʒarrad min as silāḥ	جرّد من السلاح
to order (command)	amar	أمر
to disappear (vi)	ixtafa	إختفى
law	qānūn (m)	قانون
legal, lawful (adj)	qānūniy, ʃarʻiy	قانونيّ، شرعيّ
illegal, illicit (adj)	ɣayr qanūny, ɣayr ʃarʻi	غير قانونيّ، غير شرعيّ
responsibility (blame)	masʼūliyya (f)	مسؤوليّة
responsible (adj)	masʼūl (m)	مسؤول

NATURE

The Earth. Part 1

122. Outer space

space	faḍā' (m)	فضاء
space (as adj)	faḍā'iy	فضائيّ
outer space	faḍā' (m)	فضاء
world	'ālam (m)	عالم
universe	al kawn (m)	الكون
galaxy	al maʒarra (f)	المجرّة
star	naʒm (m)	نجم
constellation	burʒ (m)	برج
planet	kawkab (m)	كوكب
satellite	qamar ṣinā'iy (m)	قمر صناعيّ
meteorite	haʒar nayzakiy (m)	حجر نيزكيّ
comet	muðannab (m)	مذنّب
asteroid	kuwaykib (m)	كويكب
orbit	madār (m)	مدار
to revolve (~ around the Earth)	dār	دار
atmosphere	al ɣilāf al ʒawwiy (m)	الغلاف الجوّيّ
the Sun	aʃ ʃams (f)	الشمس
solar system	al maʒmū'a aʃ ʃamsiyya (f)	المجموعة الشمسيّة
solar eclipse	kusūf aʃ ʃams (m)	كسوف الشمس
the Earth	al arḍ (f)	الأرض
the Moon	al qamar (m)	القمر
Mars	al mirrīx (m)	المرّيخ
Venus	az zahra (f)	الزهرة
Jupiter	al muʃtari (m)	المشتري
Saturn	zuhal (m)	زحل
Mercury	'aṭārid (m)	عطارد
Uranus	urānus (m)	اورانوس
Neptune	nibtūn (m)	نبتون
Pluto	blūtu (m)	بلوتو
Milky Way	darb at tabbāna (m)	درب التبّانة
Great Bear (Ursa Major)	ad dubb al akbar (m)	الدبّ الأكبر
North Star	naʒm al 'quṭb (m)	نجم القطب
Martian	sākin al mirrīx (m)	ساكن المرّيخ
extraterrestrial (n)	faḍā'iy (m)	فضائيّ

alien	faḍā'iy (m)	فَضائِيّ
flying saucer	ṭabaq ṭā'ir (m)	طَبَق طائِر
spaceship	markaba faḍā'iyya (f)	مَرْكَبة فَضائِيّة
space station	maḥaṭṭat faḍā' (f)	مَحَطّة فَضاء
blast-off	inṭilāq (m)	إنْطِلاق
engine	mutūr (m)	موتور
nozzle	manfaθ (m)	مَنْفَث
fuel	wuqūd (m)	وَقود
cockpit, flight deck	kabīna (f)	كابينة
aerial	hawā'iy (m)	هَوائِيّ
porthole	kuwwa mustadīra (f)	كُوّة مُسْتَديرة
solar panel	lawḥ ʃamsiy (m)	لَوْح شَمْسِيّ
spacesuit	baðlat al faḍā' (f)	بَذلة الفَضاء
weightlessness	in'idām al wazn (m)	إنْعِدام الوَزن
oxygen	uksiʒīn (m)	أكْسِجين
docking (in space)	rasw (m)	رَسْو
to dock (vi, vt)	rasa	رَسا
observatory	marṣad (m)	مَرْصَد
telescope	tiliskūp (m)	تِلِسْكوب
to observe (vt)	rāqab	راقَب
to explore (vt)	istakʃaf	إسْتَكْشَف

123. The Earth

the Earth	al arḍ (f)	الأرْض
the globe (the Earth)	al kura al arḍiyya (f)	الكُرة الأرْضِيّة
planet	kawkab (m)	كَوْكَب
atmosphere	al ɣilāf al ʒawwiy (m)	الغِلاف الجَوِّيّ
geography	ʒuɣrāfiya (f)	جُغْرافيا
nature	ṭabī'a (f)	طَبيعة
globe (table ~)	namūðaʒ lil kura al arḍiyya (m)	نَموذَج لِلكُرة الأرْضِيّة
map	xarīṭa (f)	خَريطة
atlas	aṭlas (m)	أطلَس
Europe	urūbba (f)	أوروبّا
Asia	'āsiya (f)	آسيا
Africa	afrīqiya (f)	أفْريقيا
Australia	usturāliya (f)	أسْتُراليا
America	amrīka (f)	أمْريكا
North America	amrīka aʃ ʃimāliyya (f)	أمْريكا الشَّماليّة
South America	amrīka al ʒanūbiyya (f)	أمْريكا الجَنوبيّة
Antarctica	al quṭb al ʒanūbiy (m)	القُطب الجَنوبِيّ
the Arctic	al quṭb aʃ ʃimāliy (m)	القُطب الشَّمالِيّ

124. Cardinal directions

north	ʃimāl (m)	شمال
to the north	ilaʃ ʃimāl	إلى الشمال
in the north	fiʃ ʃimāl	في الشمال
northern (adj)	ʃimāliy	شماليّ
south	ʒanūb (m)	جنوب
to the south	ilal ʒanūb	إلى الجنوب
in the south	fil ʒanūb	في الجنوب
southern (adj)	ʒanūbiy	جنوبيّ
west	ɣarb (m)	غرب
to the west	ilal ɣarb	إلى الغرب
in the west	fil ɣarb	في الغرب
western (adj)	ɣarbiy	غربيّ
east	ʃarq (m)	شرق
to the east	ilaʃ ʃarq	إلى الشرق
in the east	fiʃ ʃarq	في الشرق
eastern (adj)	ʃarqiy	شرقيّ

125. Sea. Ocean

sea	baḥr (m)	بحر
ocean	muḥīṭ (m)	محيط
gulf (bay)	xalīʒ (m)	خليج
straits	maḍīq (m)	مضيق
land (solid ground)	barr (m)	برّ
continent (mainland)	qārra (f)	قارّة
island	ʒazīra (f)	جزيرة
peninsula	ʃibh ʒazīra (f)	شبه جزيرة
archipelago	maʒmū'at ʒuzur (f)	مجموعة جزر
bay, cove	xalīʒ (m)	خليج
harbour	mīnā' (m)	ميناء
lagoon	buḥayra ʃāṭi'a (f)	بحيرة شاطئة
cape	ra's (m)	رأس
atoll	ʒazīra marʒāniyya istiwā'iyya (f)	جزيرة مرجانيّة إستوائيّة
reef	ʃi'āb (pl)	شعاب
coral	murʒān (m)	مرجان
coral reef	ʃi'āb marʒāniyya (pl)	شعاب مرجانيّة
deep (adj)	'amīq	عميق
depth (deep water)	'umq (m)	عمق
abyss	mahwāt (f)	مهواة
trench (e.g. Mariana ~)	xandaq (m)	خندق
current (Ocean ~)	tayyār (m)	تيّار
to surround (bathe)	aḥāṭ	أحاط

shore	sāḥil (m)	ساحل
coast	sāḥil (m)	ساحل
flow (flood tide)	madd (m)	مدّ
ebb (ebb tide)	ʒazr (m)	جزر
shoal	miyāh ḍaḥla (f)	مياه ضحلة
bottom (~ of the sea)	qāʻ (m)	قاع
wave	mawʒa (f)	موجة
crest (~ of a wave)	qimmat mawʒa (f)	قمّة موجة
spume (sea foam)	zabad al baḥr (m)	زبد البحر
storm (sea storm)	ʻāṣifa (f)	عاصفة
hurricane	iʻṣār (m)	إعصار
tsunami	tsunāmi (m)	تسونامي
calm (dead ~)	hudūʼ (m)	هدوء
quiet, calm (adj)	hādiʼ	هادئ
pole	quṭb (m)	قطب
polar (adj)	quṭby	قطبيّ
latitude	ʻarḍ (m)	عرض
longitude	ṭūl (m)	طول
parallel	mutawāzi (m)	متواز
equator	χaṭṭ al istiwā (m)	خط الإستواء
sky	samāʼ (f)	سماء
horizon	ufuq (m)	أفق
air	hawāʼ (m)	هواء
lighthouse	manāra (f)	منارة
to dive (vi)	ɣāṣ	غاص
to sink (ab. boat)	ɣariq	غرق
treasures	kunūz (pl)	كنوز

126. Seas & Oceans names

Atlantic Ocean	al muḥīṭ al aṭlasiy (m)	المحيط الأطلسيّ
Indian Ocean	al muḥīṭ al hindiy (m)	المحيط الهنديّ
Pacific Ocean	al muḥīṭ al hādiʼ (m)	المحيط الهادئ
Arctic Ocean	al muḥīṭ il mutaʒammid aʃ ʃimāliy (m)	المحيط المتجمّد الشماليّ
Black Sea	al baḥr al aswad (m)	البحر الأسود
Red Sea	al baḥr al aḥmar (m)	البحر الأحمر
Yellow Sea	al baḥr al aṣfar (m)	البحر الأصفر
White Sea	al baḥr al abyaḍ (m)	البحر الأبيض
Caspian Sea	baḥr qazwīn (m)	بحر قزوين
Dead Sea	al baḥr al mayyit (m)	البحر الميّت
Mediterranean Sea	al baḥr al abyaḍ al mutawassiṭ (m)	البحر الأبيض المتوسّط
Aegean Sea	baḥr īʒah (m)	بحر إيجة
Adriatic Sea	al baḥr al adriyātīkiy (m)	البحر الأدرياتيكيّ

English	Transliteration	Arabic
Arabian Sea	baḥr al 'arab (m)	بحر العرب
Sea of Japan	baḥr al yabān (m)	بحر اليابان
Bering Sea	baḥr biriną (m)	بحر بيرينغ
South China Sea	baḥr aṣ ṣīn al ʒanūbiy (m)	بحر الصين الجنوبيّ
Coral Sea	baḥr al marʒān (m)	بحر المرجان
Tasman Sea	baḥr tasmān (m)	بحر تسمان
Caribbean Sea	al baḥr al karībiy (m)	البحر الكاريبيّ
Barents Sea	baḥr barints (m)	بحر بارينس
Kara Sea	baḥr kara (m)	بحر كارا
North Sea	baḥr aʃ ʃimāl (m)	بحر الشمال
Baltic Sea	al baḥr al balṭīq (m)	البحر البلطيق
Norwegian Sea	baḥr an narwīʒ (m)	بحر النرويج

127. Mountains

English	Transliteration	Arabic
mountain	ʒabal (m)	جبل
mountain range	silsilat ʒibāl (f)	سلسلة جبال
mountain ridge	qimam ʒabaliyya (pl)	قمم جبليّة
summit, top	qimma (f)	قمّة
peak	qimma (f)	قمّة
foot (~ of the mountain)	asfal (m)	أسفل
slope (mountainside)	munḥadar (m)	منحدر
volcano	burkān (m)	بركان
active volcano	burkān naʃiṭ (m)	بركان نشط
dormant volcano	burkān xāmid (m)	بركان خامد
eruption	θawrān (m)	ثوران
crater	fūhat al burkān (f)	فوهة البركان
magma	māyma (f)	ماغما
lava	humam burkāniyya (pl)	حمم بركانيّة
molten (~ lava)	munṣahira	منصهرة
canyon	tal'a (m)	تلعة
gorge	wādi ḍayyiq (m)	واد ضيّق
crevice	ʃaqq (m)	شقّ
abyss (chasm)	hāwiya (f)	هاوية
pass, col	mamarr ʒabaliy (m)	ممرّ جبليّ
plateau	haḍba (f)	هضبة
cliff	ʒurf (m)	جرف
hill	tall (m)	تلّ
glacier	nahr ʒalīdiy (m)	نهر جليديّ
waterfall	ʃallāl (m)	شلال
geyser	fawwāra ḥārra (f)	فوّارة حارّة
lake	buḥayra (f)	بحيرة
plain	sahl (m)	سهل
landscape	manẓar ṭabī'iy (m)	منظر طبيعيّ

English	Transliteration	Arabic
echo	ṣada (m)	صدى
alpinist	mutasalliq al ʒibāl (m)	متسلّق الجبال
rock climber	mutasalliq ṣuxūr (m)	متسلّق صخور
to conquer (in climbing)	taɣallab ʻala	تغلّب على
climb (an easy ~)	tasalluq (m)	تسلّق

128. Mountains names

English	Transliteration	Arabic
The Alps	ʒibāl al alb (pl)	جبال الألب
Mont Blanc	mūn blūn (m)	مون بلون
The Pyrenees	ʒibāl al barānis (pl)	جبال البرانس
The Carpathians	ʒibāl al karbāt (pl)	جبال الكاربات
The Ural Mountains	ʒibāl al ʻūrāl (pl)	جبال الأورال
The Caucasus Mountains	ʒibāl al qawqāz (pl)	جبال القوقاز
Mount Elbrus	ʒabal ilbrūs (m)	جبل إلبروس
The Altai Mountains	ʒibāl altāy (pl)	جبال ألتاي
The Tian Shan	ʒibāl tian ʃan (pl)	جبال تيان شان
The Pamir Mountains	ʒibāl bamīr (pl)	جبال بامير
The Himalayas	himalāya (pl)	هيمالايا
Mount Everest	ʒabal ivirist (m)	جبل افرست
The Andes	ʒibāl al andīz (pl)	جبال الأنديز
Mount Kilimanjaro	ʒabal kilimanʒāru (m)	جبل كليمنجارو

129. Rivers

English	Transliteration	Arabic
river	nahr (m)	نهر
spring (natural source)	ʻayn (m)	عين
riverbed (river channel)	maʒra an nahr (m)	مجرى النهر
basin (river valley)	ḥawḍ (m)	حوض
to flow into ...	ṣabb fi ...	صبّ في...
tributary	rāfid (m)	رافد
bank (of river)	ḍiffa (f)	ضفّة
current (stream)	tayyār (m)	تيّار
downstream (adv)	f ittiʒāh maʒra an nahr	في إتجاه مجرى النهر
upstream (adv)	ḍidd at tayyār	ضد التيّار
inundation	ɣamr (m)	غمر
flooding	fayaḍān (m)	فيضان
to overflow (vi)	fāḍ	فاض
to flood (vt)	ɣamar	غمر
shallow (shoal)	miyāh ḍaḥla (f)	مياه ضحلة
rapids	munḥadar an nahr (m)	منحدر النهر
dam	sadd (m)	سدّ
canal	qanāt (f)	قناة
reservoir (artificial lake)	xazzān māʼiy (m)	خزّان مائيّ

English	Transliteration	Arabic
sluice, lock	hawīs (m)	هويس
water body (pond, etc.)	masṭaḥ mā'iy (m)	مسطح مائيّ
swamp (marshland)	mustanqaʿ (m)	مستنقع
bog, marsh	mustanqaʿ (m)	مستنقع
whirlpool	dawwāma (f)	دوّامة
stream (brook)	ʒadwal mā'iy (m)	جدول مائيّ
drinking (ab. water)	aʃ ʃurb	الشرب
fresh (~ water)	ʿaðb	عذب
ice	ʒalīd (m)	جليد
to freeze over (ab. river, etc.)	taʒammad	تجمّد

130. Rivers names

English	Transliteration	Arabic
Seine	nahr as sīn (m)	نهر السين
Loire	nahr al lua:r (m)	نهر اللوار
Thames	nahr at tīmz (m)	نهر التيمز
Rhine	nahr ar rayn (m)	نهر الراين
Danube	nahr ad danūb (m)	نهر الدانوب
Volga	nahr al vulɣa (m)	نهر الفولغا
Don	nahr ad dūn (m)	نهر الدون
Lena	nahr līna (m)	نهر لينا
Yellow River	an nahr al aṣfar (m)	النهر الأصفر
Yangtze	nahr al yanɣtsi (m)	نهر اليانغتسي
Mekong	nahr al mikunɣ (m)	نهر الميكونغ
Ganges	nahr al ɣānʒ (m)	نهر الغانج
Nile River	nahr an nīl (m)	نهر النيل
Congo River	nahr al kunɣu (m)	نهر الكونغو
Okavango River	nahr ukavanʒu (m)	نهر اوكافانجو
Zambezi River	nahr az zambizi (m)	نهر الزمبيزي
Limpopo River	nahr limbubu (m)	نهر ليمبوبو
Mississippi River	nahr al mississibbi (m)	نهر الميسيسيبي

131. Forest

English	Transliteration	Arabic
forest, wood	ɣāba (f)	غابة
forest (as adj)	ɣāba	غابة
thick forest	ɣāba kaθīfa (f)	غابة كثيفة
grove	ɣāba ṣaɣīra (f)	غابة صغيرة
forest clearing	minṭaqa uzīlat minha al aʃʒār (f)	منطقة أزيلت منها الأشجار
thicket	aʒama (f)	أجمة
scrubland	ʃuʒayrāt (pl)	شجيرات
footpath (troddenpath)	mamarr (m)	ممرّ
gully	wādi ḍayyiq (m)	واد ضيّق

English	Transliteration	Arabic
tree	ʃaʒara (f)	شجرة
leaf	waraqa (f)	ورقة
leaves (foliage)	waraq (m)	ورق
fall of leaves	tasāquṭ al awrāq (m)	تساقط الأوراق
to fall (ab. leaves)	saqaṭ	سقط
top (of the tree)	ra's (m)	رأس
branch	ɣuṣn (m)	غصن
bough	ɣuṣn (m)	غصن
bud (on shrub, tree)	burʻum (m)	برعم
needle (of pine tree)	ʃawka (f)	شوكة
fir cone	kūz aṣ ṣanawbar (m)	كوز الصنوبر
hollow (in a tree)	ʒawf (m)	جوف
nest	ʻuʃʃ (m)	عشّ
burrow (animal hole)	ʒuḥr (m)	جحر
trunk	ʒiðʻ (m)	جذع
root	ʒiðr (m)	جذر
bark	liḥā' (m)	لحاء
moss	ṭuḥlub (m)	طحلب
to uproot (remove trees or tree stumps)	iqtalaʻ	إقتلع
to chop down	qaṭaʻ	قطع
to deforest (vt)	azāl al ɣābāt	أزال الغابات
tree stump	ʒiðʻ aʃ ʃaʒara (m)	جذع الشجرة
campfire	nār muxayyam (m)	نار مخيّم
forest fire	ḥarīq ɣāba (m)	حريق غابة
to extinguish (vt)	aṭfa'	أطفأ
forest ranger	ḥāris al ɣāba (m)	حارس الغابة
protection	ḥimāya (f)	حماية
to protect (~ nature)	ḥama	حمى
poacher	sāriq aṣ ṣayd (m)	سارق الصيد
steel trap	maṣyada (f)	مصيدة
to gather, to pick (vt)	ʒamaʻ	جمع
to lose one's way	tāh	تاه

132. Natural resources

English	Transliteration	Arabic
natural resources	θarawāt ṭabīʻiyya (pl)	ثروات طبيعيّة
minerals	maʻādin (pl)	معادن
deposits	makāmin (pl)	مكامن
field (e.g. oilfield)	ḥaql (m)	حقل
to mine (extract)	istaxraʒ	إستخرج
mining (extraction)	istixrāʒ (m)	إستخراج
ore	xām (m)	خام
mine (e.g. for coal)	manʒam (m)	منجم
shaft (mine ~)	manʒam (m)	منجم

miner	ʻāmil manʒam (m)	عامل منجم
gas (natural ~)	ɣāz (m)	غاز
gas pipeline	χaṭṭ anābīb ɣāz (m)	خط أنابيب غاز

oil (petroleum)	nafṭ (m)	نفط
oil pipeline	anābīb an nafṭ (pl)	أنابيب النفط
oil well	biʼr an nafṭ (m)	بئر النفط
derrick (tower)	ḥaffāra (f)	حفّارة
tanker	nāqilat an nafṭ (f)	ناقلة النفط

sand	raml (m)	رمل
limestone	ḥaʒar kalsiy (m)	حجر كلسيّ
gravel	ḥaṣa (m)	حصى
peat	χaθθ faḥm nabātiy (m)	خثّ فحم نباتيّ
clay	ṭīn (m)	طين
coal	faḥm (m)	فحم

iron (ore)	ḥadīd (m)	حديد
gold	ðahab (m)	ذهب
silver	fiḍḍa (f)	فضّة
nickel	nikil (m)	نيكل
copper	nuḥās (m)	نحاس

zinc	zink (m)	زنك
manganese	manɣanīz (m)	منغنيز
mercury	ziʼbaq (m)	زئبق
lead	ruṣāṣ (m)	رصاص

mineral	maʻdan (m)	معدن
crystal	ballūra (f)	بلّورة
marble	ruχām (m)	رخام
uranium	yurānuim (m)	يورانيوم

The Earth. Part 2

133. Weather

weather	ṭaqs (m)	طقس
weather forecast	naʃra ʒawwiyya (f)	نشرة جوّية
temperature	ḥarāra (f)	حرارة
thermometer	tirmūmitr (m)	ترمومتر
barometer	barūmitr (m)	بارومتر
humid (adj)	raṭib	رطب
humidity	ruṭūba (f)	رطوبة
heat (extreme ~)	ḥarāra (f)	حرارة
hot (torrid)	ḥārr	حارّ
it's hot	al ʒaww ḥārr	الجوّ حارّ
it's warm	al ʒaww dāfi'	الجوّ دافئ
warm (moderately hot)	dāfi'	دافئ
it's cold	al ʒaww bārid	الجوّ بارد
cold (adj)	bārid	بارد
sun	ʃams (f)	شمس
to shine (vi)	aḍā'	أضاء
sunny (day)	muʃmis	مشمس
to come up (vi)	ʃaraq	شرق
to set (vi)	ɣarab	غرب
cloud	saḥāba (f)	سحابة
cloudy (adj)	ɣā'im	غائم
rain cloud	saḥābat maṭar (f)	سحابة مطر
somber (gloomy)	ɣā'im	غائم
rain	maṭar (m)	مطر
it's raining	innaha tamṭur	إنّها تمطر
rainy (~ day, weather)	mumṭir	ممطر
to drizzle (vi)	raðð	رذّ
pouring rain	maṭar munhamir (f)	مطر منهمر
downpour	maṭar ɣazīr (m)	مطر غزير
heavy (e.g. ~ rain)	ʃadīd	شديد
puddle	birka (f)	بركة
to get wet (in rain)	ibtall	إبتلّ
fog (mist)	ḍabāb (m)	ضباب
foggy	muḍabbab	مضبّب
snow	θalʒ (m)	ثلج
it's snowing	innaha taθluʒ	إنّها تثلج

134. Severe weather. Natural disasters

thunderstorm	'āṣifa ra'diyya (f)	عاصفة رعديّة
lightning (~ strike)	barq (m)	برق
to flash (vi)	baraq	برق
thunder	ra'd (m)	رعد
to thunder (vi)	ra'ad	رعد
it's thundering	tar'ad as samā'	ترعد السماء
hail	maṭar bard (m)	مطر برد
it's hailing	tamṭur as samā' bardan	تمطر السماء بردًا
to flood (vt)	ɣamar	غمر
flood, inundation	fayaḍān (m)	فيضان
earthquake	zilzāl (m)	زلزال
tremor, quake	hazza arḍiyya (f)	هزّة أرضيّة
epicentre	markaz az zilzāl (m)	مركز الزلزال
eruption	θawrān (m)	ثوران
lava	ḥumam burkāniyya (pl)	حمم بركانيّة
twister, tornado	i'ṣār (m)	إعصار
typhoon	ṭūfān (m)	طوفان
hurricane	i'ṣār (m)	إعصار
storm	'āṣifa (f)	عاصفة
tsunami	tsunāmi (m)	تسونامي
cyclone	i'ṣār (m)	إعصار
bad weather	ṭaqs sayyi' (m)	طقس سيّء
fire (accident)	ḥarīq (m)	حريق
disaster	kāriθa (f)	كارثة
meteorite	ḥaʒar nayzakiy (m)	حجر نيزكيّ
avalanche	inhiyār θalʒiy (m)	إنهيار ثلجيّ
snowslide	inhiyār θalʒiy (m)	إنهيار ثلجيّ
blizzard	'āṣifa θalʒiyya (f)	عاصفة ثلجيّة
snowstorm	'āṣifa θalʒiyya (f)	عاصفة ثلجيّة

Fauna

135. Mammals. Predators

English	Transliteration	Arabic
predator	ḥayawān muftaris (m)	حيوان مفترس
tiger	namir (m)	نمر
lion	asad (m)	أسد
wolf	ði'b (m)	ذئب
fox	θa'lab (m)	ثعلب
jaguar	namir amrīkiy (m)	نمر أمريكيّ
leopard	fahd (m)	فهد
cheetah	namir ṣayyād (m)	نمر صيّاد
black panther	namir aswad (m)	نمر أسود
puma	būma (m)	بوما
snow leopard	namir aθ θulūʒ (m)	نمر الثلوج
lynx	waʃaq (m)	وشق
coyote	qayūṭ (m)	قيوط
jackal	ibn 'āwa (m)	ابن آوى
hyena	ḍabu' (m)	ضبع

136. Wild animals

English	Transliteration	Arabic
animal	ḥayawān (m)	حيوان
beast (animal)	ḥayawān (m)	حيوان
squirrel	sinʒāb (m)	سنجاب
hedgehog	qumfuð (m)	قنفذ
hare	arnab barriy (m)	أرنب بريّ
rabbit	arnab (m)	أرنب
badger	ɣarīr (m)	غرير
raccoon	rākūn (m)	راكون
hamster	qidād (m)	قداد
marmot	marmuṭ (m)	مرموط
mole	χuld (m)	خلد
mouse	fa'r (m)	فأر
rat	ʒurað (m)	جرذ
bat	χuffāʃ (m)	خفاش
ermine	qāqum (m)	قاقم
sable	sammūr (m)	سمّور
marten	dalaq (m)	دلق
weasel	ibn 'irs (m)	إبن عرس
mink	mink (m)	منك

beaver	qundus (m)	قندس
otter	quḍāʻa (f)	قضاعة
horse	ḥiṣān (m)	حصان
moose	mūz (m)	موظ
deer	ayyil (m)	أيّل
camel	ӡamal (m)	جمل
bison	bisūn (m)	بيسون
aurochs	θawr barriy (m)	ثور برّيّ
buffalo	ӡāmūs (m)	جاموس
zebra	ḥimār zarad (m)	حمار زرد
antelope	ẓabiy (m)	ظبي
roe deer	yaḥmūr (m)	يحمور
fallow deer	ayyil asmar urubbiy (m)	أيّل أسمر أوروبيّ
chamois	ʃamwāh (f)	شاموَاه
wild boar	xinzīr barriy (m)	خنزير برّيّ
whale	ḥūt (m)	حوت
seal	fuqma (f)	فقمة
walrus	faẓẓ (m)	فظّ
fur seal	fuqmat al firāʼ (f)	فقمة الفراء
dolphin	dilfīn (m)	دلفين
bear	dubb (m)	دبّ
polar bear	dubb quṭbiy (m)	دبّ قطبيّ
panda	bānda (m)	باندا
monkey	qird (m)	قرد
chimpanzee	ʃimbanzi (m)	شيمبانزي
orangutan	urangutān (m)	أورنغوتان
gorilla	ɣurīlla (f)	غوريلا
macaque	qird al makāk (m)	قرد المكاك
gibbon	ӡibbūn (m)	جيبون
elephant	fīl (m)	فيل
rhinoceros	xartīt (m)	خرتيت
giraffe	zarāfa (f)	زرافة
hippopotamus	faras an nahr (m)	فرس النهر
kangaroo	kanɣar (m)	كنغر
koala (bear)	kuala (m)	كوالا
mongoose	nims (m)	نمس
chinchilla	ʃinʃīla (f)	شنشيلة
skunk	ẓaribān (m)	ظربان
porcupine	nīṣ (m)	نيص

137. Domestic animals

cat	qiṭṭa (f)	قطّة
tomcat	ðakar al qiṭṭ (m)	ذكر القطّ
dog	kalb (m)	كلب

horse	ḥiṣān (m)	حصان
stallion (male horse)	faḥl al xayl (m)	فحل الخيل
mare	unθa al faras (f)	أنثى الفرس
cow	baqara (f)	بقرة
bull	θawr (m)	ثور
ox	θawr (m)	ثور
sheep (ewe)	xarūf (f)	خروف
ram	kabʃ (m)	كبش
goat	mā'iz (m)	ماعز
billy goat, he-goat	ðakar al mā'ið (m)	ذكر الماعز
donkey	ḥimār (m)	حمار
mule	baɣl (m)	بغل
pig	xinzīr (m)	خنزير
piglet	xannūṣ (m)	خنّوص
rabbit	arnab (m)	أرنب
hen (chicken)	daʒāʒa (f)	دجاجة
cock	dīk (m)	ديك
duck	baṭṭa (f)	بطّة
drake	ðakar al baṭṭ (m)	ذكر البطّ
goose	iwazza (f)	إوزّة
tom turkey, gobbler	dīk rūmiy (m)	ديك رومي
turkey (hen)	daʒāʒ rūmiy (m)	دجاج رومي
domestic animals	ḥayawānāt dawāʒin (pl)	حيوانات دواجن
tame (e.g. ~ hamster)	alīf	أليف
to tame (vt)	allaf	ألّف
to breed (vt)	rabba	ربّى
farm	mazra'a (f)	مزرعة
poultry	ṭuyūr dāʒina (pl)	طيور داجنة
cattle	māʃiya (f)	ماشية
herd (cattle)	qaṭī' (m)	قطيع
stable	isṭabl xayl (m)	إسطبل خيل
pigsty	ḥazīrat al xanāzīr (f)	حظيرة الخنازير
cowshed	ziriībat al baqar (f)	زريبة البقر
rabbit hutch	qunn al arānib (m)	قنّ الأرانب
hen house	qunn ad daʒāʒ (m)	قنّ الدجاج

138. Birds

bird	ṭā'ir (m)	طائر
pigeon	ḥamāma (f)	حمامة
sparrow	'uṣfūr (m)	عصفور
tit (great tit)	qurquf (m)	قرقف
magpie	'aq'aq (m)	عقعق
raven	ɣurāb aswad (m)	غراب أسود

crow	ɣurāb (m)	غراب
jackdaw	zāɣ (m)	زاغ
rook	ɣurāb al qayẓ (m)	غراب القيظ
duck	baṭṭa (f)	بطّة
goose	iwazza (f)	إوزّة
pheasant	tadarruʒ (m)	تدرج
eagle	nasr (m)	نسر
hawk	bāz (m)	باز
falcon	ṣaqr (m)	صقر
vulture	raxam (m)	رخم
condor (Andean ~)	kundūr (m)	كندور
swan	timma (m)	تمّة
crane	kurkiy (m)	كركي
stork	laqlaq (m)	لقلق
parrot	babaɣāʾ (m)	ببغاء
hummingbird	ṭannān (m)	طنّان
peacock	ṭāwūs (m)	طاووس
ostrich	naʿāma (f)	نعامة
heron	balaʃūn (m)	بلشون
flamingo	nuḥām wardiy (m)	نحام وردي
pelican	baʒaʿa (f)	بجعة
nightingale	bulbul (m)	بلبل
swallow	sunūnū (m)	سنونو
thrush	sumna (m)	سمنة
song thrush	summuna muɣarrida (m)	سمنة مغرّدة
blackbird	ʃaḥrūr aswad (m)	شحرور أسود
swift	samāma (m)	سمامة
lark	qubbara (f)	قبّرة
quail	sammān (m)	سمّان
woodpecker	naqqār al xaʃab (m)	نقّار الخشب
cuckoo	waqwāq (m)	وقواق
owl	būma (f)	بومة
eagle owl	būm urāsiy (m)	بوم أوراسي
wood grouse	dīk il xalanʒ (m)	ديك الخلنج
black grouse	ṭayhūʒ aswad (m)	طيهوج أسود
partridge	ḥaʒal (m)	حجل
starling	zurzūr (m)	زرزور
canary	kanāriy (m)	كناري
hazel grouse	ṭayhūʒ il bunduq (m)	طيهوج البندق
chaffinch	ʃurʃūr (m)	شرشور
bullfinch	diɣnāʃ (m)	دغناش
seagull	nawras (m)	نورس
albatross	al qaṭras (m)	القطرس
penguin	biṭrīq (m)	بطريق

139. Fish. Marine animals

English	Transliteration	Arabic
bream	abramīs (m)	أبراميس
carp	ʃabbūṭ (m)	شبّوط
perch	farx (m)	فرخ
catfish	qarmūṭ (m)	قرموط
pike	samak al karāki (m)	سمك الكراكي
salmon	salmūn (m)	سلمون
sturgeon	haʃʃ (m)	حفش
herring	rinʒa (f)	رنجة
Atlantic salmon	salmūn aṭlasiy (m)	سلمون أطلسيّ
mackerel	usqumriy (m)	أسقمريّ
flatfish	samak mufalṭaḥ (f)	سمك مفلطح
zander, pike perch	samak sandar (m)	سمك سندر
cod	qudd (m)	قدّ
tuna	tūna (f)	تونة
trout	salmūn muraqqaṭ (m)	سلمون مرقّط
eel	ḥankalīs (m)	حنكليس
electric ray	ra"ād (m)	رعّاد
moray eel	murāy (m)	موراي
piranha	birāna (f)	بيرانا
shark	qirʃ (m)	قرش
dolphin	dilfīn (m)	دلفين
whale	ḥūt (m)	حوت
crab	salṭaʿūn (m)	سلطعون
jellyfish	qindīl al baḥr (m)	قنديل البحر
octopus	uxṭubūṭ (m)	أخطبوط
starfish	naʒmat al baḥr (f)	نجمة البحر
sea urchin	qumfuð al baḥr (m)	قنفذ البحر
seahorse	ḥiṣān al baḥr (m)	فرس البحر
oyster	maḥār (m)	محار
prawn	ʒambari (m)	جمبريّ
lobster	istakūza (f)	إستكوزا
spiny lobster	karkand ʃāik (m)	كركند شائك

140. Amphibians. Reptiles

English	Transliteration	Arabic
snake	θuʿbān (m)	ثعبان
venomous (snake)	sāmm	سامّ
viper	afʿa (f)	أفعى
cobra	kūbra (m)	كوبرا
python	biθūn (m)	بيثون
boa	buwāʾ (f)	بواء
grass snake	θuʿbān al ʿuʃb (m)	ثعبان العشب

| rattle snake | afʿa al ʒalʒala (f) | أفعى الجلجلة |
| anaconda | anakūnda (f) | أناكوندا |

lizard	siħliyya (f)	سحليّة
iguana	iɣwāna (f)	إغوانة
monitor lizard	waral (m)	ورل
salamander	samandar (m)	سمندر
chameleon	ħirbāʾ (f)	حرباء
scorpion	ʿaqrab (m)	عقرب

turtle	sulaħfāt (f)	سلحفاة
frog	ḍifdaʿ (m)	ضفدع
toad	ḍifdaʿ aṭ ṭīn (m)	ضفدع الطين
crocodile	timsāħ (m)	تمساح

141. Insects

insect	ħaʃara (f)	حشرة
butterfly	farāʃa (f)	فراشة
ant	namla (f)	نملة
fly	ðubāba (f)	ذبابة
mosquito	namūsa (f)	ناموسة
beetle	χunfusa (f)	خنفسة

wasp	dabbūr (m)	دبّور
bee	naħla (f)	نحلة
bumblebee	naħla ṭannāna (f)	نحلة طنّانة
gadfly (botfly)	naʿra (f)	نعرة

| spider | ʿankabūt (m) | عنكبوت |
| spider's web | nasīʒ ʿankabūt (m) | نسيج عنكبوت |

dragonfly	yaʿsūb (m)	يعسوب
grasshopper	ʒarād (m)	جراد
moth (night butterfly)	ʿitta (f)	عتّة

cockroach	ṣurṣūr (m)	صرصور
tick	qurāda (f)	قرادة
flea	burɣūθ (m)	برغوث
midge	baʿūḍa (f)	بعوضة

locust	ʒarād (m)	جراد
snail	ħalzūn (m)	حلزون
cricket	ṣarrār al layl (m)	صرّار الليل
firefly	yarāʿa muḍīʾa (f)	يراعة مضيئة
ladybird	daʿsūqa (f)	دعسوقة
cockchafer	χunfusa kabīra (f)	خنفسة كبيرة

leech	ʿalaqa (f)	علقة
caterpillar	yasrūʿ (m)	يسروع
earthworm	dūda (f)	دودة
larva	yaraqa (f)	يرقة

Flora

142. Trees

tree	ʃaʒara (f)	شجرة
deciduous (adj)	nafḍiyya	نفضيّة
coniferous (adj)	ṣanawbariyya	صنوبريّة
evergreen (adj)	dā'imat al xuḍra	دائمة الخضرة
apple tree	ʃaʒarat tuffāḥ (f)	شجرة تفّاح
pear tree	ʃaʒarat kummaθra (f)	شجرة كمّثرى
cherry tree	ʃaʒarat karaz (f)	شجرة كرز
plum tree	ʃaʒarat barqūq (f)	شجرة برقوق
birch	batūla (f)	بتولا
oak	ballūṭ (f)	بلّوط
linden tree	ʃaʒarat zayzafūn (f)	شجرة زيزفون
aspen	ḥawr raʒrāʒ (m)	حور رجراج
maple	qayqab (f)	قيقب
spruce	ratinaʒ (f)	راتينج
pine	ṣanawbar (f)	صنوبر
larch	arziyya (f)	أرزيّة
fir tree	tannūb (f)	تنّوب
cedar	arz (f)	أرز
poplar	ḥawr (f)	حور
rowan	ɣubayrā' (f)	غبيراء
willow	ṣafṣāf (f)	صفصاف
alder	ʒār il mā' (m)	جار الماء
beech	zān (m)	زان
elm	dardār (f)	دردار
ash (tree)	marān (f)	مران
chestnut	kastanā' (f)	كستناء
magnolia	maɣnūliya (f)	مغنوليا
palm tree	naxla (f)	نخلة
cypress	sarw (f)	سرو
mangrove	ayka sāḥiliyya (f)	أيكة ساحليّة
baobab	bāubāb (f)	باوباب
eucalyptus	ukaliptus (f)	أوكاليبتوس
sequoia	siqūya (f)	سيكويا

143. Shrubs

bush	ʃuʒayra (f)	شجيرة
shrub	ʃuʒayrāt (pl)	شجيرات

grapevine	karma (f)	كرمة
vineyard	karam (m)	كرم
raspberry bush	tūt al ʻullayq al aḥmar (m)	توت العليق الأحمر
redcurrant bush	kiʃmiʃ aḥmar (m)	كشمش أحمر
gooseberry bush	ʻinab aθ θaʻlab (m)	عنب الثعلب
acacia	sanṭ (f)	سنط
barberry	amīr barīs (m)	أمير باريس
jasmine	yāsmīn (m)	ياسمين
juniper	ʻarʻar (m)	عرعر
rosebush	ʃuʒayrat ward (f)	شجيرة ورد
dog rose	ward ʒabaliy (m)	ورد جبليّ

144. Fruits. Berries

fruit	θamra (f)	ثمرة
fruits	θamr (m)	ثمر
apple	tuffāḥa (f)	تفّاحة
pear	kummaθra (f)	كمّثرى
plum	barqūq (m)	برقوق
strawberry (garden ~)	farawla (f)	فراولة
cherry	karaz (m)	كرز
grape	ʻinab (m)	عنب
raspberry	tūt al ʻullayq al aḥmar (m)	توت العليق الأحمر
blackcurrant	ʻinab aθ θaʻlab al aswad (m)	عنب الثعلب الأسود
redcurrant	kiʃmiʃ aḥmar (m)	كشمش أحمر
gooseberry	ʻinab aθ θaʻlab (m)	عنب الثعلب
cranberry	tūt aḥmar barriy (m)	توت أحمر بريّ
orange	burtuqāl (m)	برتقال
tangerine	yūsufiy (m)	يوسفي
pineapple	ananās (m)	أناناس
banana	mawz (m)	موز
date	tamr (m)	تمر
lemon	laymūn (m)	ليمون
apricot	miʃmiʃ (f)	مشمش
peach	durrāq (m)	دراق
kiwi	kiwi (m)	كيوي
grapefruit	zinbāʻ (m)	زنباع
berry	ḥabba (f)	حبّة
berries	ḥabbāt (pl)	حبّات
cowberry	ʻinab aθ θawr (m)	عنب الثور
wild strawberry	farāwla barriyya (f)	فراولة بريّة
bilberry	ʻinab al aḥrāʒ (m)	عنب الأحراج

145. Flowers. Plants

flower	zahra (f)	زهرة
bouquet (of flowers)	bāqat zuhūr (f)	باقة زهور
rose (flower)	warda (f)	وردة
tulip	tulīb (f)	توليب
carnation	qurumful (m)	قرنفل
gladiolus	dalbūθ (f)	دلبوث
cornflower	turunʃāh (m)	ترنشاه
harebell	ʒarīs (m)	جريس
dandelion	hindibā' (f)	هندباء
camomile	babunʒ (m)	بابونج
aloe	aluwwa (m)	ألوّة
cactus	ṣabbār (m)	صبّار
rubber plant, ficus	tīn (m)	تين
lily	sawsan (m)	سوسن
geranium	ibrat ar rā'i (f)	إبرة الراعي
hyacinth	zanbaq (f)	زنبق
mimosa	mimūza (f)	ميموزا
narcissus	narʒis (f)	نرجس
nasturtium	abu xanʒar (f)	أبو خنجر
orchid	saḥlab (f)	سحلب
peony	fawniya (f)	فاوانيا
violet	banafsaʒ (f)	بنفسج
pansy	banafsaʒ muθallaθ (m)	بنفسج مثلث
forget-me-not	'āðān al fa'r (pl)	آذان الفأر
daisy	uqḥuwān (f)	أقحوان
poppy	xaʃxāʃ (f)	خشخاش
hemp	qinnab (m)	قنب
mint	na'nā' (m)	نعناع
lily of the valley	sawsan al wādi (m)	سوسن الوادي
snowdrop	zahrat al laban (f)	زهرة اللبن
nettle	qarrāṣ (m)	قرّاص
sorrel	ḥammāḍ (m)	حمّاض
water lily	nilūfar (m)	نيلوفر
fern	saraxs (m)	سرخس
lichen	uʃna (f)	أشنة
greenhouse (tropical ~)	dafi'a (f)	دفيئة
lawn	'uʃb (m)	عشب
flowerbed	ʒunaynat zuhūr (f)	جنينة زهور
plant	nabāt (m)	نبات
grass	'uʃb (m)	عشب
blade of grass	'uʃba (f)	عشبة

leaf	waraqa (f)	ورقة
petal	waraqat az zahra (f)	ورقة الزهرة
stem	sāq (f)	ساق
tuber	darnat nabāt (f)	درنة نبات
young plant (shoot)	nabta sayīra (f)	نبتة صغيرة
thorn	ʃawka (f)	شوكة
to blossom (vi)	nawwar	نوّر
to fade, to wither	ðabal	ذبل
smell (odour)	rā'iḥa (f)	رائحة
to cut (flowers)	qataʿ	قطع
to pick (a flower)	qataf	قطف

146. Cereals, grains

grain	ḥubūb (pl)	حبوب
cereal crops	maḥāṣīl al ḥubūb (pl)	محاصيل الحبوب
ear (of barley, etc.)	sumbula (f)	سنبلة
wheat	qamḥ (m)	قمح
rye	ʒāwdār (m)	جاودار
oats	ʃūfān (m)	شوفان
millet	duxn (m)	دخن
barley	ʃaʿīr (m)	شعير
maize	ðura (f)	ذرّة
rice	urz (m)	أرز
buckwheat	ḥinṭa sawdā' (f)	حنطة سوداء
pea plant	bisilla (f)	بسلة
kidney bean	faṣūliya (f)	فاصوليا
soya	fūl aṣ ṣūya (m)	فول الصويا
lentil	ʿadas (m)	عدس
beans (pulse crops)	fūl (m)	فول

COUNTRIES. NATIONALITIES

147. Western Europe

English	Transliteration	Arabic
Europe	urūbba (f)	أوروبّا
European Union	al ittiḥād al urubbiy (m)	الإتّحاد الأوروبيّ
Austria	an nimsa (f)	النمسا
Great Britain	briṭāniya al 'uẓma (f)	بريطانيا العظمى
England	inʒiltirra (f)	إنجلترا
Belgium	balʒīka (f)	بلجيكا
Germany	almāniya (f)	ألمانيا
Netherlands	hulanda (f)	هولندا
Holland	hulanda (f)	هولندا
Greece	al yūnān (f)	اليونان
Denmark	ad danimārk (f)	الدانمارك
Ireland	irlanda (f)	أيرلندا
Iceland	'āyslanda (f)	آيسلندا
Spain	isbāniya (f)	إسبانيا
Italy	iṭāliya (f)	إيطاليا
Cyprus	qubruṣ (f)	قبرص
Malta	malṭa (f)	مالطا
Norway	an nirwīʒ (f)	النرويج
Portugal	al burtuɣāl (f)	البرتغال
Finland	finlanda (f)	فنلندا
France	faransa (f)	فرنسا
Sweden	as suwayd (f)	السويد
Switzerland	swīsra (f)	سويسرا
Scotland	iskutlanda (f)	اسكتلندا
Vatican	al vatikān (m)	الفاتيكان
Liechtenstein	liʃtinʃtāyn (m)	ليشتنشتاين
Luxembourg	luksimburɣ (f)	لوكسمبورغ
Monaco	munāku (f)	موناكو

148. Central and Eastern Europe

English	Transliteration	Arabic
Albania	albāniya (f)	ألبانيا
Bulgaria	bulɣāriya (f)	بلغاريا
Hungary	al maʒar (f)	المجر
Latvia	lātviya (f)	لاتفيا
Lithuania	litwāniya (f)	ليتوانيا
Poland	bulanda (f)	بولندا

Romania	rumāniya (f)	رومانيا
Serbia	ṣirbiya (f)	صربيا
Slovakia	sluvākiya (f)	سلوفاكيا
Croatia	kruātiya (f)	كرواتيا
Czech Republic	atʃ tʃik (f)	التشيك
Estonia	istūniya (f)	إستونيا
Bosnia and Herzegovina	al busna wal hirsuk (f)	البوسنة والهرسك
Macedonia (Republic of ~)	maqdūniya (f)	مقدونيا
Slovenia	sluvīniya (f)	سلوفينيا
Montenegro	al ʒabal al aswad (m)	الجبل الأسود

149. Former USSR countries

Azerbaijan	aðarbiʒān (m)	أذربيجان
Armenia	armīniya (f)	أرمينيا
Belarus	bilarūs (f)	بيلاروس
Georgia	ʒūrʒiya (f)	جورجيا
Kazakhstan	kazaχstān (f)	كازاخستان
Kirghizia	qirɣizistān (f)	قيرغيزستان
Moldova, Moldavia	muldāviya (f)	مولدافيا
Russia	rūsiya (f)	روسيا
Ukraine	ukrāniya (f)	أوكرانيا
Tajikistan	taʒīkistān (f)	طاجيكستان
Turkmenistan	turkmānistān (f)	تركمانستان
Uzbekistan	uzbikistān (f)	أوزبكستان

150. Asia

Asia	'āsiya (f)	آسيا
Vietnam	vitnām (f)	فيتنام
India	al hind (f)	الهند
Israel	isrā'īl (f)	إسرائيل
China	aṣ ṣīn (f)	الصين
Lebanon	lubnān (f)	لبنان
Mongolia	manɣūliya (f)	منغوليا
Malaysia	malīziya (f)	ماليزيا
Pakistan	bakistān (f)	باكستان
Saudi Arabia	as sa'ūdiyya (f)	السعوديّة
Thailand	taylānd (f)	تايلند
Taiwan	taywān (f)	تايوان
Turkey	turkiya (f)	تركيا
Japan	al yabān (f)	اليابان
Afghanistan	afɣanistān (f)	أفغانستان
Bangladesh	banʒladīʃ (f)	بنجلاديش

English	Transliteration	Arabic
Indonesia	indunīsiya (f)	إندونيسيا
Jordan	al urdun (m)	الأردن
Iraq	al 'irāq (m)	العراق
Iran	'īrān (f)	إيران
Cambodia	kambūdya (f)	كمبوديا
Kuwait	al kuwayt (f)	الكويت
Laos	lawus (f)	لاوس
Myanmar	myanmār (f)	ميانمار
Nepal	nibāl (f)	نيبال
United Arab Emirates	al imārāt al 'arabiyya al muttaḥida (pl)	الإمارات العربيّة المتّحدة
Syria	sūriya (f)	سوريا
Palestine	filisṭīn (f)	فلسطين
South Korea	kuriya al ʒanūbiyya (f)	كوريا الجنوبيّة
North Korea	kūria aʃ ʃimāliyya (f)	كوريا الشماليّة

151. North America

English	Transliteration	Arabic
United States of America	al wilāyāt al muttaḥida al amrīkiyya (pl)	الولايات المتّحدة الأمريكيّة
Canada	kanada (f)	كندا
Mexico	al maksīk (f)	المكسيك

152. Central and South America

English	Transliteration	Arabic
Argentina	arʒantīn (f)	الأرجنتين
Brazil	al brazīl (f)	البرازيل
Colombia	kulumbiya (f)	كولومبيا
Cuba	kūba (f)	كوبا
Chile	tʃīli (f)	تشيلي
Bolivia	bulīviya (f)	بوليفيا
Venezuela	vinizwiyla (f)	فنزويلا
Paraguay	baraɣwāy (f)	باراغواي
Peru	biru (f)	بيرو
Suriname	surinām (f)	سورينام
Uruguay	uruɣwāy (f)	الأوروغواي
Ecuador	al iqwadūr (f)	الإكوادور
The Bahamas	ʒuzur bahāmas (pl)	جزر باهاماس
Haiti	haīti (f)	هايتي
Dominican Republic	ʒumhūriyyat ad duminikan (f)	جمهوريّة الدومينيكان
Panama	banama (f)	بنما
Jamaica	ʒamāyka (f)	جامايكا

153. Africa

Egypt	miṣr (f)	مصر
Morocco	al maɣrib (m)	المغرب
Tunisia	tūnis (f)	تونس
Ghana	ɣāna (f)	غانا
Zanzibar	zanʒibār (f)	زنجبار
Kenya	kiniya (f)	كينيا
Libya	lībiya (f)	ليبيا
Madagascar	madaɣaʃqar (f)	مدغشقر
Namibia	namībiya (f)	ناميبيا
Senegal	as siniɣāl (f)	السنغال
Tanzania	tanzāniya (f)	تنزانيا
South Africa	ʒumhūriyyat afrīqiya al ʒanūbiyya (f)	جمهريّة أفريقيا الجنويّة

154. Australia. Oceania

Australia	usturāliya (f)	أستراليا
New Zealand	nyu zilanda (f)	نيوزيلندا
Tasmania	tasmāniya (f)	تاسمانيا
French Polynesia	bulinīziya al faransiyya (f)	بولينزيا الفرنسيّة

155. Cities

Amsterdam	amstirdām (f)	أمستردام
Ankara	anqara (f)	أنقرة
Athens	aθīna (f)	أئينا
Baghdad	baɣdād (f)	بغداد
Bangkok	bankūk (f)	بانكوك
Barcelona	barʃalūna (f)	برشلونة
Beijing	bikīn (f)	بيكين
Beirut	bayrūt (f)	بيروت
Berlin	birlīn (f)	برلين
Mumbai (Bombay)	bumbāy (f)	بومباى
Bonn	būn (f)	بون
Bordeaux	burdu (f)	بوردو
Bratislava	bratislāva (f)	براتيسلافا
Brussels	brūksil (f)	بروكسل
Bucharest	buxarist (f)	بوخارست
Budapest	budabist (f)	بودابست
Cairo	al qāhira (f)	القاهرة
Kolkata (Calcutta)	kalkutta (f)	كلكتا
Chicago	ʃikāɣu (f)	شيكاغو
Copenhagen	kubinhāʒin (f)	كوبنهاجن

Dar-es-Salaam	dar as salām (f)	دار السلام
Delhi	dilhi (f)	دلهي
Dubai	dibay (f)	دبي
Dublin	dablin (f)	دبلن
Düsseldorf	dusildurf (f)	دوسلدورف
Florence	flurinsa (f)	فلورنسا
Frankfurt	frankfurt (f)	فرانكفورت
Geneva	ʒinīv (f)	جنيف
The Hague	lahāy (f)	لاهاى
Hamburg	hamburɣ (m)	هامبورغ
Hanoi	hanuy (f)	هانوى
Havana	havāna (f)	هافانا
Helsinki	hilsinki (f)	هلسنكي
Hiroshima	hiruʃīma (f)	هيروشيما
Hong Kong	hunɣ kunɣ (f)	هونغ كونغ
Istanbul	istanbūl (f)	إسطنبول
Jerusalem	al quds (f)	القدس
Kyiv	kiyiv (f)	كييف
Kuala Lumpur	kuala lumpur (f)	كوالالمبور
Lisbon	liʃbūna (f)	لشبونة
London	lundun (f)	لندن
Los Angeles	lus anʒilis (f)	لوس أنجلوس
Lyons	liyūn (f)	ليون
Madrid	madrīd (f)	مدريد
Marseille	marsīliya (f)	مرسيليا
Mexico City	madīnat maksiku (f)	مدينة مكسيكو
Miami	mayāmi (f)	ميامي
Montreal	muntriyāl (f)	مونتريال
Moscow	musku (f)	موسكو
Munich	myūniχ (f)	ميونخ
Nairobi	nayrūbi (f)	نيروبي
Naples	nabuli (f)	نابولي
New York	nyu yūrk (f)	نيويورك
Nice	nīs (f)	نيس
Oslo	uslu (f)	أوسلو
Ottawa	uttawa (f)	أوتاوا
Paris	barīs (f)	باريس
Prague	brāɣ (f)	براغ
Rio de Janeiro	riu di ʒaniyru (f)	ريو دي جانيرو
Rome	rūma (f)	روما
Saint Petersburg	sant bitirsburɣ (f)	سانت بطرسبرغ
Seoul	siūl (f)	سيول
Shanghai	ʃanχhāy (f)	شانغهاي
Singapore	sinɣafūra (f)	سنغافورة
Stockholm	stukhūlm (f)	ستوكهولم
Sydney	sidniy (f)	سيدني
Taipei	taybay (f)	تايبيه
Tokyo	ṭukyu (f)	طوكيو

Toronto	turūntu (f)	تورونتو
Venice	al bunduqiyya (f)	البندقيّة
Vienna	vyīna (f)	فيينا
Warsaw	warsaw (f)	وارسو
Washington	wāʃinṭun (f)	واشنطن

www.ingramcontent.com/pod-product-compliance
Lightning Source LLC
Chambersburg PA
CBHW070559050426
42450CB00011B/2912